Weil das Leben unberechenbar ist

Christian Hofmann
In ewiger Liebe

1
Der erste Frühling

Ein neuer Frühling zieht ins Land,
für dich wird es der erste sein
Dieses Buch, mein liebes Kind
Soll dich begleiten, und deines, für immer sein

Ich werde älter und ich denke darüber nach
Wollte so gerne mal ein richtiges Buch schreiben
Doch mir liegt am besten nun mal die Lyrik –
Ich mag es so sehr, all die Wörter in den rosigen
Zeilen

Ein neuer Frühling, das Leben erwacht wieder
nach seinem Winterzauber
Und ich denke darüber nach, was ich dir –
Von mir, doch hinterlass'

Ich liebe dich so sehr mein liebes Kind
Dass ich für immer doch, an deiner Seite bin
Doch die Zeit vergeht, damit auch das Leben
Und zur Erinnerung an mich, möchte ich dir
dies als Geschenk, so gerne geben

Leider weiß ich, dass
das Leben unberechenbar ist
Und aus diesem Grund
Schreibe ich dir und hinterlasse dir dies
In all der Zeit, in der ich Texte verfasst habe
Vergingen Tage, so viele Jahre

Noch nie habe ich so sehr das Leben geliebt,
wie seitdem du in meinem Leben bist
Denn ich liebe dich so sehr

So schön ist, es dich aufwachsen zu sehen
Wie du lernst Dinge zu greifen
Worte versuchst du sprechen
Ich würde doch so sehr gerne für immer bleiben

Ich denke darüber nach –
Über den Augenblick
Falls der liebe Gott mich zu sich holt und ich
nicht mehr bei dir sein kann
So soll dich dieses Buch an mich erinnern,
wann immer es nur kann

Was hinterlasse ich dir
Ich mache mir so viele Gedanken
Dass du mein Leben bereicherst,
dafür kann ich dieser Welt nicht genug danken!

Ich erzähle dir in den nächsten Texten –
Gerne mehr von mir
Und ich wünsche und bete und hoffe,
so bleibt von mir, ein Teil für immer bei dir

2
Dein Papa

Dass du wissen sollst
Und dir vorstellen kannst, wie ich war
So schreibe ich dir Zeile für Zeile
Aus Liebe, in Wahrheit, rein und klar

Ich bin ein Dichter, Autor
Zumindest übe ich dies doch so gern aus
Das Schreiben ist mein Leben
Berufe habe ich zwei erlernt, Jobs hatte ich ganz
viele, doch das Schreiben prägt weit über hinaus

Ich bin ein Mensch, ich dichte gern
Ich bin dein Papa
Der werde ich immer sein
Egal wo ich eines Tages auch sein werde
Ich liebe dich für immer, bist immer im Herzen

Ich habe die Frühlinge geliebt
Jedes Jahr aufs Neue auf sie gefreut
Und im Sommer bin ich aufgeblüht
So ist es auch noch heute

Wenn die warmen Sonnenstrahlen
Doch immer meine Haut berühren
So atme ich das Leben ein
Ich kann es fühlen, kann es spüren
Auch wenn ich nicht als Papa,
immer alles richtig mache

Das Leben ist manchmal unberechenbar
Dich lieben werde ich für immer, alle Zeit, alle
Tage –
Da brauchst du dir gar keine Sorgen machen!

Es läuft im Leben nicht immer alles so,
wie man es sich wünscht oder gerne hätte
Aber es gibt auch schöne Zeiten
Und ich weiß, ich vertraue dir, auch du wirst sie
entdecken

Mache das, wonach dir ist
Mache das, was dir wirklich Freude bringt
Denn dein Leben, ist ganz allein dein Leben
Es ganz allein für dich bestimmt

Entdecke die Welt
Und entdecke all ihre Farben
Habe keine Angst, sei mutig –
Du wirst lernen, dich zu lieben und auch –
Zu dir JA zu sagen

Du bist mein Sonnenschein im Leben
Du bringst die Sonne für den Regen
Vergesse niemals, dass ich dich liebe
Vergib mir, wenn Gott mich zu den Engeln holt,
ich wäre gern so lange geblieben

3
Deine Geburt

Ich erinnere mich an deine Geburt
Sie ist in diesem Sommer
Ein Jahr nun her, du warst so tapfer –
Wirst eine Kämpferin mit einem guten Herz

Ich habe dich gesehen
Und bei meinem Blick in deine Augen
Ja, mir liefen Tränen, vor Glück
Das kannst du mir glauben

Dich das erste Mal in den Armen zu halten
Es war so ein schönes Gefühl
Es war ein Tag, wie eine Unsterblichkeit
Diese Erinnerung, ich nehme sie mit mir mit –
Bis ans Ende meiner Zeit

4
Dein erstes Jahr

In deinem ersten Jahr
Sehe jeden Moment noch vor mir und so klar
Habe dir so gern vorgesungen
Du hast dich so gefreut, ob bei den Strophen
oder einfach beim Summen

Deine Spielsachen die du entdeckst
So vertraut bei mir –
Dass du nichts von dir versteckst

Dein kleines Händchen, wenn es nach meiner
Hand gegriffen hat
Dein Lächeln und diese Freude, jedes Mal –
Wenn du erwachst

Mein Streicheln über deinen, kleinen zarten
Kopf
Dich getragen habe ich im Arm
Die schönsten Momente meines Lebens –
Kein Moment, kommt annähernd nur daran

Ich würde dir so gern beim Aufwachsen zu
sehen
Aber ich weiß, das Leben ist unberechenbar

5
Worte an dich

Nun komme ich an einen Punkt
An dem ich dir auf deinem Weg –
Alles mitgeben möchte,
was ich dir von Herzen wünsche, alles was mich
bewegt

Ich möchte, dass du frei und glücklich lebst
Dass du die Welt entdeckst, wie du sie liebst
Ich wünsche dir, dass du allzeit glücklich bist
Dass in deinem Leben, alles vollkommen ist

Du wirst deinen Weg finden
Du wirst deinen Weg gehen
Du wirst Menschen an deiner Seite haben
Es werden auch Menschen wieder gehen

Wenn du an etwas glaubst
Dann halte immer daran fest
Wenn auch niemand an dich glauben mag
Vergiss nie, ich glaube an dich ganz fest

Lerne das Leben zu schätzen
Lerne zu schätzen jedes Lebewesen
Die Katze, sowie jedes Insekt
Deine Freude, auch Menschen dir nichts Gutes
wollen, lerne Achtung und Respekt
Traue nicht jedem
Alles von dir und deinem Herzen an

Denn auch Menschen sind manchmal böse
Und manch einer will schaden, wo er nur kann

Lerne auf deine Gefühle hören
Lerne auf deine Instinkte zu trauen
Erzähle nicht jedem von deinen Träumen
Wo Barrieren sind, beginne Brücken zu bauen

Habe Achtung vor dem Leben
Vor dir selbst und jeder Kreatur
Behandle gut die Umwelt –
Sie ist das Zuhause, die ganze Natur

Mach beruflich, wonach deinem Herzen ist
Es soll Freude bringen
Und du sollst spüren, jeden Augenblick
Dass du es bist und das, was du tust auch richtig
ist

Und wenn du mal, im Leben an einen Punkt kommst –
Der Zweifel oder Unbehagen aufwirft, so hast du immer
meine Bücher, meine Werke für die Momente, die dir
Zuversicht geben können, denn auch ich hatte solche
Situationen

Mein liebes Kind –
Bewahre dir Liebe und Hoffnung
Du bist ein Sonnenkind

Ich, der Dichter, dein Papa – ich habe viele Texte
geschrieben, viel dabei gefühlt
Ich war vernarrt in Erfolg und wollte ihn so manches Mal
erzwingen

Sei anders als ich es war, denn ich weiß –
Du hast ein gutes Herz, halte immer den Blick zur Sonne

Dein Papa

Weil es dich gibt

Ich bin so froh
Und auch so glücklich –
Dass es dich gibt!
Du bist der Stern, an dem mein Herz hängt
Weil es dich liebt

Und muss ich –
Eines Tages mal gehen
Meine letzten Worte die ich spreche
„Ich liebe dich mein Kind"
Dies sollst du niemals vergessen

SAMMELEWERK 2021

Christian Hofmann
Entgegen der Zeit

Übersicht Sammelwerk 2021

TEIL 1

Dynamit

In meiner Welt, ist momentan –
Alles auf den Kopf gestellt
Nichts ist im Gleichgewicht,
darum jongliere ich!

Ich versuche Flächenbrände
Einzudämmen und zu löschen
Verheerend sind die Auswirkungen
Entzündungen, alles lodert und verbrennt!

Die Tage werden leerer
Die Leichtigkeit wird schwerer
Es ist hart, aber so laufen die Dinge
Die Falle schnappt – zu zieht sich die
Schlinge!

Ich habe versucht zu feilen, an der Härte von
Stolz und Stärke
Errichte und erbaue mein Leben lang meine –
Lebenswerke!

Und am Ende meines Lebens

Dann wird es brennen
Ich brenne aus für meine Träume oder
Mein Leben brennt, weil ich es ins Feuer
legte

Dynamit und Glycerin
Kerosin und Terpentin
Spiritus und dazu Benzin
Im Ring aus Feuer meine Kreise ziehen!

Feuerzeug und Streichhölzchen
Dunkles Herz und schwarzes Röschen
All die Wunden, nie verheilt
Mein Leben steht in Wahrheit zu jeder Zeil'

Rückwärtsblick

Momentan
Frisst mich das Leben auf
Habe neue Zeilen
Und die wollen in die Welt hinaus

Doch die Straßen sind gefegt
Gähnende Leere in den Läden
Dunkel sind die Schaufenster
Geisterstadt – Idylle der Gespenster

Corona! Bedeutung; [die Krone]
Doch diese Zeiten –
Sie haben keine auf!
Sie sind ganz und gar doch ohne!

Doch ich bin und bleib'
Auch der Autor dieser Werke
Auf dass die Zeit –
So allmählich, endlich wieder besser werde!

Und auch spüre ich den Unterton,
mancher Menschen! Und höre die
Kommentare!
Sie sind neidisch auf mein Leben –
Aber Leute! Es gibt gar keinen Grund, so'n
Neid zu pflegen!

Auch ich habe meine Wunden
Schreibe meine Texte zum therapeutischen
Zwecke
Überlebenswichtig sind diese,
von Reimen vollgepackte Stunden!

Manchmal gehe ich –
In die Zukunft mit einem Rückwärtsblick
Auf der Suche nach,
Neuem und dem verpassten Glück!

Die Worte

Es ist ein Wintertag
Und die Sonne sie scheint
Doch das Herz es ist kalt
Und äußert seinen Kälteschrei

Die Sonne erhellt den Tag
Doch Wärme bringt sie nicht
Der Schatten er bleibt dunkel
Denn ihn erreicht kein Licht!

Und meine Tränen werden Wörter
So die Worte, sie sprechen Traurigkeit
Die Seele sie trauert
In der Stille ihrer Einsamkeit

Mein Inneres fühlt sich an,
wie ein Reibeisen
Gedanken und Unruhe –
Die an mir nagen, an mir reißen

Ich möchte fort vom Krisenplatz
Doch ist dieser, in mir am Fleck!
Sortiere ständig doch mein Leben
Doch es bleibt ein Chaos! Ich will weg!

Zeitgeschehen/Leben

Flüche und Schwüre

Der Beginn, Ursprung, Anfang
Der Nullpunkt, das Werden
Das geheime Morgen –
Von dem das Heute, nichts weiß

Die Entstehung
Das Fundament
Das Erlöschen der Flammen,
wenn das Feuer nicht mehr brennt

Träume die entstehen
Im ewigen Schwarz der Nacht
Dunkelheit, die das Licht nicht kennt
Wenn die Sonne scheint, der Mond in seinen
Tiefschlaf fällt!

Am Ende der Gedanken
Am Rande des Universums
Dies sind Zeilen der Nacht
Bis das Bewusstsein erwacht

Fallender Regen, Rabenflüge

Vermächtnis, Sagen, Flüche und Schwüre
Das heilige Kreuz, die heilige Schrift
All dies ist – was Leben ist!

Zitat

DER WEG
UND DAS ZIEL

Das Ziel im Visier
Und doch knapp verfehlt
Doch was soll's?! Ich muss sagen
Ja, es ist trotz allem, doch der richtige Weg!

Kurzgedicht

Über die Zeit

Ich lebe hier
Ich lebe dort
Vergangenheit ist bloß –
Ein verlassener Ort

Ich lebe jetzt
Träume von dann
Gehe Richtung Zukunft
Von jenem Moment an

Es war was war

Ich träume
Von der Zukunft
Mich begleitet die Vergangenheit
Zu greifen,
was zurück liegt
Ist doch fern und auch so weit!

So gehen vorwärts –
Doch die Schritte
Doch rückwärts,
so manche Blicke

Es war, was war –
Es ist vorbei
Es war einmal…

Die Jahre gehen
Die Jahre kommen
Alles endet –
Was einst hat begonnen

Fernbedienung

Gebt mir eine Fernbedienung –
So schalte ich, damit sofort die Trauer aus
Schenkt mir doch mal
Mut und Hoffnung
Und ich schmeiße die Depression im hohen
Bogen – ganz weit aus mir heraus!

Die Sonne lacht und sie meint es gut
Sie scheint, doch ich weine
Sie spiegelt sich, bei klarem Wasser
Doch meine Seele ist verschüttet
Von so vielen, dieser großen Steine!

Ich erinnere mich daran
An die schöne Kinderzeit
Ohne Stress, frei von Druck
Ohne Angst und ohne Zwang!

Der Tag war mit Spielerei befüllt
Dran geglaubt, dass ein Traum sich auch
Irgendwann einmal erfüllt!

Auf all der Strecke gingen die –
Sterne verloren
Wenn nicht zum Leben, wofür sind wir –
Denn dann geboren!?

Fester Standpunkt

Ungebunden und frei oder
Manifestieren!?
Ich will einfach nur leben
Was die Zeilen meiner Texte zelebrieren!

Bewahre Haltung, fester Standpunkt –
Bei meiner Meinung!
Aber nicht fest am Stand, punkt!
Frei spazieren, dies ist meine Neigung!

Wälder, Täler, Straßenwege
In der Natur, dort ich mich gern bewege!
Kein festes Heim
Kein Ort ein Zuhause
Wohnhaft in meinem Herzen
Die ganze Welt ist mein Haus

Ziehen mit den Wolken
Kreisen mit den Vögeln im Wind
Sonnenuntergänge fühlen und erleben
Freuen, spielen, tanzen wie das Kind!

GELD VERSCHLEUDERN

Ich wünschte ich hätte das
PRIVILEG;

Von einer politischen Instanz

Geld verschleudern,
trotz reichlich Miese zu machen und „SCHEISSE ZU
BAUEN" –

dennoch;
Keine weiteren Sorgen haben zu müssen,
für irgendwelche Konsequenzen

Mediathek

Mein Kopf ist
Eine Mediathek;

In dieser von A – Z
Jedes gute Lied, doch
verzeichnet steht

Im Vollmondlicht

Eine Schauspielkarriere
Hat es für mich nie gegeben
Ein Trauerspiel mit –
Grenzen und Barrieren, sie sind mein Leben

Während andere doch tanzen
Im schönen Sonnenlicht
So befinde ich mich in schwarzer Nacht
Und in dieser trauere ich!

Ich nutze Worte zur Medizin
Die so manch eine Zeile hart bestimmt
Getränkt in bittere Traurigkeit
In der Hoffnung, dass doch Freude irgendwie
erklingt!

Wenn die Sterne dann tanzen
Im Vollmondlicht
Bei aller Bitterkeit in meinem Gesicht
Mir manche Träne bricht

Stumm, ganz ohne jeglichen Ton
Hält der Schmerz an der Stelle inne!
Klagen, Ängste, Sorgen Gedanken
Mein Zustand, ich bin mitten drin!

Der Froschkönig

Er ist der Meister
Aller Dinge
Der Gründer
Dieses Lebens!
Er besitzt
Unsterblichkeit
Keine Frucht
Vor dem Vergehen!

Er
Ist mehr
Als Gottes Macht
Das glaubt er zumindest zu sein
Was für Pillen
Haut er sich
Denn in seinen
Körper rein!?

Er ist
Lediglich
Ein winzig-kleiner
Froschkönig
Er glaubt
Er ist der Herrscher über
All dem Weltenreich
Doch er tümpelt bloß
In seinem kleinen Gartenteich!

Kind der Straße

Ich bin ein Kind der Straße
Es zieht mich raus, nichts hält mich auf
Jede Wohnung ein Gefängnis –
Ich breche aus allen, vier Wänden aus!

Ich atme das Leben
Fresse des Glückes Staub
Wenn ich komme, komm ich zu spät –
Doch was solls, draußen ist mein Zuhause

Über den Schmerzpunkt

An so vielen Tagen laufe ich durch die Straßen. Der Kopf ist voll, die Gedanken sind am Anschlag!
An manchem Morgen erwache ich mit Schmerzen auf der Lunge, auf der Brust.
Aber auch der Kopf ist in Mitleidenschaft gezogen.
Oft fühlt es sich an, als hätte ich eine Schraubzwinge auf den Schläfen sitzen und sie ist festgespannt, über meinen Schmerzpunkt bin schon weit hinaus!

Ja, nach meinem Burnout und der anhaltenden Depression ist mein Leben nicht mehr wie es mal war!
Schnelle Überforderung, schnelle Gereiztheit zeichnen sich ab und sind deutlich wahrnehmbar!

An manchen Tagen, ob ich will oder nicht – da ist mein Kopf einfach dicht!
Und so weiß ich auch, wenn ich es aufschreibe – es ändert sich nichts!
Und alle erwarten von einem immer nur!
Du musst arbeiten!
Du musst einen Beruf haben!

Du musst Geld verdienen!
Du musst dieses –
Du musst jenes –
Du musst das!!!
Du musst dich anpassen, du musst...
Und musst... und musst...

Ich kann es nicht mehr hören und nicht mehr
ertragen – ihr kotzt mich so etwas von an!!!

Und an solchen Tagen wie heute, habe ich
das Gefühl, dass mich jeden Moment die
Engel holen.
Druck im Kopf, Schwindel, Übelkeit, Schliere
wieder einmal im Sichtfeld!

Prinzipiell ist es eigentlich egal –
Ob man leidet oder glücklich ist denn,
das Leben vergeht so oder so und nach dem
Tod, ist nichts mehr von Bedeutung!

Geplagt von Schmerz, auf der Seele haftet
Kummer und erschwert ist das Herz!
Das Negative, das Depressive, es legt sich
auf das Gemüt und zieht ein – in Organe
und in das Fleisch!
Man trägt eine Last aus Sorgen und
Gedanken.
Alles schmerzt und drückt, es brennt und
klemmt, verkrampft, verspannt –

Schmerz der strahlt und im Körper überall
doch hingelangt!

Liniert oder kariert

Mit endlosen Gedanken
Mit ihnen schlafe ich ein
Und mit Kopfschmerzen –
Ja, mit ihnen wache ich so schön auf

DIN A4
Liniert oder kariert
Hauptsache beschreibbar
Treuer Freund in harter Stund'
Therapiebegleiter

Hin und wieder
Kommen auch mal nicht so schöne
Nettigkeiten zum Ausdruck
Wie in der nächsten Zeile

Ich kreise über euch wie der Geier
Doch fresse nicht von eurem Aas
Ich bringe Bomben als Geschenk
Und diese, schiebe ich euch in den Arsch!

Das Leben

Soll- und Istzustand

Während im gleichbleibenden Tempo
Die Welt, sich weiterdreht –
Wurde mir meine Zeit, ganz kräftig
Einmal auf den Kopf gestellt

So allmählich
Langsam aber sicher
Kehre ich zu meiner Mitte
Wieder hin, so Stück für Stück

Depression

Welt besiegen

Das Tückische an Depressionen ist
Dieses Auf und Ab
Den einen Tag, kannst du fliegen und willst die Welt
besiegen
Den anderen Tag, bist du niedergeschlagen und
möchtest dich im Erdboden vergraben!

Übersicht Sammelwerk 2021

TEIL 2

Feuer im Niemandsland

Harte Jahre, Schicksalswege
Versinke in meinen Träumen, träume so oft mein
Leben

Ich träume von Zufriedenheit
Einfach von einer bess'ren Zeit
Genügend Geld zum Leben
Doch alle wollen immer nur nehmen!

Selbstmitleid und Traurigkeit, sie bringen nicht weiter
Aber sitzen so tief in mir!

Traurigkeit und Schmerz, nehmen den Platz in
meinem Leben ein
Mein Herz, es hat gelitten –
Es ist hart wie Stein!

Die Seele brennt, die ganze Fläche steht in Brand
Es scheint nach keiner Rettung –
Aus dem Niemandsland
Ich habe aber Bock und werde mein Leben
umkrempeln
Das Alte und Vergangene lasse ich im Niemandsland –
Stempeln und versenden!

Ich mache neu – es ist längst schon an der Zeit
Mein bester Freund – das Schreiben
Doch immer an meiner Seite bleibt!

Ein eignen, Eden

Ich bin allein, so allein
In meiner Welt
Doch dieses Alleinsein
Es ist gar nicht so schlimm

Ich bin es satt
Dieses Leben rund ums Geld
Darum ist auch, das Alleinsein
Was ich allzu gerne bin!

Ich durchlebe dieses Leben „HÖLLE"
Nicht ohne Grund – ich lebe,
für eine Bestimmung!

Lieber Gott – oh, lieber Gott
Mach aus dieser höllischen Gesellschaft
Wieder ein reines Leben!
Lieber Gott – oh, lieber Gott
Viele ertragen es nicht mehr
Und nicht jeder hat wie ich, seine eigene Welt
Sein eigenes, schönes Eden!

Veränderung in meinem Leben!

Wie lässt man ein altes Leben zurück?

Wie lässt man ein altes Leben zurück?
Wie kommt aus der Traurigkeit heraus
Stück um Stück!?

Wie bricht man die Gewohnheit,
wenn sie doch so sehr bestimmt und lenkt!?
Wenn sie festgesponnen ist –
Bei allem was man macht und denkt!

Was hilft zum Gleichgewicht
Im Schwindeltanz?
Wie balanciert man den Taumel aus und kommt
ins Reine, so voll und ganz!?

Wie ändere ich so einfach,
mal das, was doch so schwere Last ich trage
Kann man ändern zur Veränderung?
Nach nun jetzt schon 35 Jahren!?

Immer wollte ich dort sein
Wo ich nicht bin
Wer und was leitet mich?
Worin liegt in meinem Sein der Sinn!?

Herzensversprechen

Kein Biegen, kein Brechen, kein Herzensversprechen
Bin Egoist, denke im Singular –
Scheiße frisst, wer Letzter ist!

Kein Anstand, kein Benehmen, nix geben – nur
nehmen!
Bin Egoist, die Welt ist mir egal, wer zu spät kommt,
den bestraft das Leben!

Kein Gewissen, keine Reue, ich betrüge – ohne Treue!
Wer oder was bin ich!?
Als Egoist, man bezeichnet mich!

Keine Liebe, keine Träume, im Alleingang ohne
Freunde!
Hohe Werte und Gefühle!?
Magenschleimhaut und Geschwüre!

Trophäe und Pokal, Piranha oder Schwertwal
Haifischzähne und goldene Krone
Mehr haben steht vor wenig und dies vor ganz ohne!

Kirchengang oder Sektenbande
Gesellschaftsklassen, vom Zentrum bis zum Rande
Wäre ich doch ferngeblieben!
Wer verliert, der wird nicht siegen!

Nichts im Lot, Stand „in Not"!
Aussicht, alles andere als rosenrot!

Unbezahlte Arbeit

In meinen Autorenwerken
Darin steckt Arbeit und Zeit
Vollkommen dieses Gefühl der Berufung
Unbezahlte Arbeit

Meine Zeit, meine Gedanken
Meine Worte in allen Zeilen
Geschrieben im Leben
Vom Guten, vom Bösen

Eigene Wege zurückgelegt
Die Flamme des Willens, die habe ich
So oft aufs Neue entfacht, doch auch oft die Zweifel –
Warum und wofür, habe ich dies alles gemacht!?

Diese Traurigkeit
Bei jedem Tiefgang im Leben
Doch auch die Freude im Höhenflug
Ist dies zwischen Fluch und Segen!?

Selbst befreit

Herzergreifend
Schmerzzerreißend
Gedanken färben sich vom
Dunkelrot ins tiefe Schwarz

Nerven gereizt
Das Feuer, es beißt
Die Seele brennt lichterloh
Es bleibt ein Gemisch aus Asche und Sand

Gebrochene Flügel
Chance auf die letzten Flüge
In der Vergangenheit verblasst –
Was in der Zukunft nicht mehr scheint

Die Seele hat lang' gelitten
An 1000 Wunden geschnitten
Noch ein letzter schwerer Atemzug
Ich löse mich, mache mich auf – ganz selbst befreit

Blicke noch einmal zurück
Vor dem nächsten Schritt
Nun schreite ich nach vorn
Neue Träume, neue Ziele – es ist an der Zeit

Uhr aus Sand

Trübe Gedanken
Zu nichts im Stande
Geknickt und gebrochen
Alles zu viel

Nach jedem Zerfall
Ein Neuaufbau
Bei all dem Verlust
Noch immer das Signal von einem Gefühl

Schon so oft verloren
So oft schon gefallen
Düster und finster
War so mancher Ritt!

Doch;
Ich verbrenne die Segel, ziehe auf wie der Sturm
Und ich breche wie die Flut im Meer
Ich renne bis ins Ziel, auf dem Weg in die Zukunft –
Gibt's keine Wiederkehr!

Verbranntes Land
Zeit läuft in der Uhr aus Sand
Scheint das Ziel auch noch so fern
Ich strecke aus nach ihm, meine Hand!

Mut tut gut

~~WUT~~

EIN

HUT

VOLLER

MUT

TUT

GUT

Gute Frage

Wie treibe ich
Die Depression aus mir heraus –
Denn die Traurigkeit
Hat in mir doch, ihr Zuhaus'

Alles Reden ist einfach
Alles Reden ist leicht
Reden kann nur ein Mensch,
der Depressionen nicht hat und nicht
begreift!

Gebrannte Kinder

Je tiefer der Fall
Desto höher der Aufstieg
Chancen verkorkst
Chancen verbaut
Beim Explodieren der Sterne –
Diesem Feuerwerk habe ich zugeschaut!

Gebrannte Kinder
Sie scheuen das Feuer nicht
Gebrannte Kinder
Singen das Lied vom Phönix der aus der Asche
empor stieg

Bin langsam wieder in Form
Habe mich verlassen
War entfernt,
soweit – es echt enorm!

Belastung

Ich liege in einem tiefen Loch
Lebe unten auf dem Grund
Ich muss wieder hinauf
Dorthin, wo die Sonne scheint, so voll und rund

Wo ist mein Ziel?
Wann kommt das Licht?
Denn hier unten in der Dunkelheit
Nein, da lebe ich nicht!

Was ist geschehen
Wo und wann bin ich gefallen
Sah und hörte ich etwa nicht –
Eines, von doch so vielen Warnsignalen?

Jetzt liege ich unten
Ich wühle im Dreck
Alles was ich will und muss
Ganz schnell aber sicher, wieder hier weg!

Hierher geführt haben mich
Stolz und eigene Werte
Wenn ich hier erwache und wieder aufsteige
Werde ich an aller Pracht die Stärke sein!

Wie weit?

Meine Augen sie sind müde
Sie haben schon so viel gesehen
Meine Schritte machen Pause
Denn weite Wege, sie sind noch zu gehen!

Mein Atem ist am Stocken
In dieser doch grausamen Welt
Und auch mein Glaube, er ist sehr müde
Weil kein Stern vom Himmel fällt!

Wie weit ist noch die Strecke?
Wie weit führt Asphalt und Straße?
Wie viele Seitenwege sind versteckt?
Bis ich doch endlich mein Zuhause anfahre!

Habe immer doch gesagt;
„Kein Weg ist mir zu weit"
Doch die Zeiten, sie sind so ermüdend
Ich friere in der Kälte dieser Dunkelheit

Kein Licht, das am Himmel erscheint
Keine Schnuppen, keine Sterne weit und breit
Ich habe gesagt; „Ich gehe den Weg"
Doch keiner weiß, ist er noch lang, ist er noch weit!?

Depression

Wenn die Sonne nicht mehr scheint

Wenn die Sonne
Nicht mehr scheint
Dann ist der Winter –
Für die Ewigkeit
geschneit

Frost und Kälte
Sie regieren
In aller Unendlichkeit
Das Dach der Welt
Ein gefrorener Himmel
Das ewige Eis

Traurigkeit

Geweinter Ozean

Oh es belastet mich so sehr
Eine weit're Träne fließt ins Meer
Ein geweinter Ozean
Mit über 1000 Tränen im Kanal

Die See gefüllt mit Traurigkeit
Salzig die Tränen, verbreiten sich ganz weit

Ich kann nicht mehr als wie –
Trauriges zu schreiben
Nur die Tränen tief im Innern
Die bei mir bleiben

Gefühlter Schmerz in allem Leid
Kein Leuchtturm im Meer, beim Blick der Wellen weit

Keine Welle kehrt zurück
Es ist ein einsames Sterben
Keine Welle kommt zurück – mit der Botschaft
Es wird alles wieder werden!

Ich schreibe nicht umsonst –
Dass es mir beschissen geht
Dies, ist meines Lebens – Wahrheit
Die in jeder meiner Zeile steht!

Völlegefühl

Ich habe geschrieben
Aus Schmerz, wie Therapie
Menschen helfen mit den Texten
Stand immer groß am Ziel

Doch glaube, mich hat es erwischt
Gar schon fast verleitet
Erfolgreiche Gedanken, erfolgreich sein
Eine Erkenntnis, sie bringt mich zum Leiden!

Ich will zurück, zu meiner Form!
Gegen Stress, gegen Triumph – den Erfolg!
Ruhm und Geld, habe ich nie gewollt!
Will nur eine reine Seele – GOLD –

Will wieder weniger von
Depressionen schreiben
Endlich wieder positive,
aufbäumende Zeilen verbreiten

Mein langes Schreiben
Vielleicht schon eine Art „Betriebsblindheit"
Wieder zurück, zu dem, der ich mal war!
Zum Anfang meiner Beginner-Zeit

Viele Texte, die Inspiration
Völlegefühl, zu hohe Tagesration!
Ich will wieder dort sein,
wo ich mal war
KÄMPFER –
Nicht der HEULENDE!
Ziel – ganz klar!

Zurück auf meinen Weg
Zum Glück, stellte ich mir Schilder auf
Auf denen geschrieben steht –
Wo es doch zurück geht!

Gesellschaftsschach

Weiße Pferde

Schwarz gekleidete Prinzen
Und weiße Pferde
Das Schachfeld aus
Schwarz-weiß gefärbter Erde

Zug um Zug
Durchdachter Schritt
Ruhmreich und Erfolg
Ist des Königs Ritt!

Die Bauern
Sie dienen lediglich
Zum Opferfraß

Die Königin im
Rein-weißen Kleid
Siegeshall –
Tollkühn, so der ganze Spaß!

Verbaue dir deine Werke nicht

DU HAST GEFEILT
DU HAST POLIERT
AN SO MANCHER SCHARFEN KANTE DEINER ZEIT

DU HAST SCHERBEN BEISEITE GEKEHRT
VERBAU' DIR DEINE WERKE NICHT
AUF JEDE DUNKELHEIT MEIN FREUND –
DA FOLGT AUCH WIEDER LICHT!

LIEGST DU NUN AUCH UNTEN
AUF HARTEM GRUND
TIEF GESTÜRZT AUFS ABSTELLGLEIS
ERINNERE DICH DARAN –
DASS LEBEN, AUCH MANCHMAL KÄMPFEN HEISST!

OKAY, TANKE KRAFT, BLEIB GANZ KURZ,
AUCH EINEN MOMENT LANG LIEGEN –
DOCH SCHAUE HINAUF ZUM HIMMEL
WIE HOCH DIE VÖGEL FLIEGEN!

STEH WIEDER AUF, STEH AUF!
MACH DICH AUF DEN WEG
STELLE DIE FÜSSE WIEDER AUF
VERLIEREN ES SCHMERZT SEHR
DOCH ABGESCHLAGEN BLEIBEN UMSO MEHR

Bezug meiner Bücher

Eigentlich

„Eigentlich"
Es unterscheidet sich –
Nicht viel von;
„Hätte", „wenn", „aber...doch"!

Eigentlich –
Damit fängt doch so vieles an
Eigentlich
Wollte ich mein letztes Buch schreiben

Doch ich merke,
dass ich eigentlich gar nicht anders –
wie -schreiben- kann

So schreibe ich mein Leben lang
Der Dichter, Denker, Autor

Übersicht Sammelwerk 2021

TEIL 3

Auf die besten Tage

Auf die besten Tage
Auf die beste Zeit
Auf das was ist, was ging
Auf das was bleibt

Auf den Spiegel
Und auf den Zukunftsblick
Auf die zurückgelegten Wege
Und auf den nächsten Schritt

Gedankendreck

So viele Menschen
Sie kamen und gingen –
Durch mein Leben

Viele Masken
Fassaden, leere Gespräche
Floskeln und Gerede

Was war nützlich
Was diente nur zum Zweck!?
Mit allen Mitteln –
Bei aller Liebe
Seelengneis und Gedankendreck

Was war wichtig?
Was war richtig –
Was falsch!?
Was hat wirklich was gebracht!?

Autobiografisch

An so Abenden

An solchen Abenden
Würde ich gern tief im Erdboden versinken
Es tut mir so leid, verdammt leid
Ich werde in diesem Schmerz eines Tages
ertrinken

Ich habe es alles nie gewollt
Dass es so kommt, wie es nun ist
Ich bin weder Vorbild, noch gut in der
Verantwortung dieser Rolle!

Ich wünschte ich könnte
Hier ganz andere und schöne Dinge
Von der Seele schreiben
Doch alles was bleibt, mein Leiden!

Nichts rettet mich mehr aus dem –
Was ich zur Schandtat verantworte
Nichts vollbracht, nur in allem versagt
Was ein Leben, mein Leben –
Wie ein einzig grauer, trauriger Tag!

Too Late Prävention

Das Ding hier ist für alle
Denn für euch bin ich am Reimen
Das ist für den Fall der Fälle
Denn davon gibt es mehr als nur den Einen!

Das hier ist das Aushängeschild für –
- Achtung und Kontrolle -
Möge doch noch kommen
Von mir aus, alles was noch wolle!

Das hier ist geschrieben für –
Wenn du übers Ziel hinausgeschossen bist
Für wenn jede Leine, jeder Faden –
Schon längst von deinem Rettungsboot gerissen ist!

Das hier ist keine Präsentation
Das hier ist für After-Burnout, eine „Too Late
Prävention"
Das hier ist, - weit über den Punkt hinaus -
Fatal Error! Die Endstation in der Depression!

Man sollte sich und die beschissene –
Depression echt nicht unterschätzen
Denn es geht ruckzuck runter
Und du fällst um mehr als ein paar Plätze!

Getrieben

Ich bin von diesem Leben getrieben
Und auch von so manchem Anliegen!
Druck im Schädel, das arme Hirn!
Habe manche Falten auf der Stirn

Der Schmerz er pocht, das Blut es kocht!

Da gibt es diese Tage
An denen kann ich nicht denken
Dieses kranke Gefühl
Es wird mich immer einschränken!

Der Puls erhöht, der Kopfschmerz schlägt
Leben am Anschlag – sorgen die man mit sich trägt!

Dann kommen die Zweifel
Und dazu foltern noch die Ängste
Und du liegst gebrochen da
Ohne jegliche Kraft zu kämpfen!

Es reißt dich nieder
Wirst mit der Schnauze im Dreck liegen!
Während die Gedanken noch –
An bessere Zeiten zielen

Scheiße an Depressionen

Die Scheiße an Depressionen ist
Du kannst deinem Gemüt –
Deiner Psyche nicht sagen
Los! Reiß dich mal gefälligst zusammen!

Auch kannst du nicht,
den Gedankenstau überlagern mit –
„Denke doch mal an was Schönes oder
Denke über andere Dinge nach…"

Gedanken mit Gedanken ersetzen
Da macht der Kopf nicht mit, er wird sich
widersetzen!

Die Scheiße an Depressionen ist
Wenn man so viel –
Ideen hat und umsetzen möchte,
aber man einfach zu müde und erschöpft ist!
Aus Gründen, die Andere aber –
Weder fühlen
Sehen
Oder gar verstehen!

And die Wand

Ich habe mein Leben
An die Wand gefahren
Es in vollem Tempo,
bis hinten gegen angeschlagen!

Jedes Zeichen und Signal
Wohlwollend missachtet
Das Leben nie im –
Schimmernden Schein betrachtet!

Keine Krone getragen
Keine vergoldeten Zeiten
Vieles nicht geschafft, nur am Klagen
Vergangene vergeudete Zeiten!

Je trüber der Himmel
Desto vertrauter ist er mir
Lebe seit Jahren in Dunkelheit
Kein Licht an Ort und Stelle hier!

Fälle aufgedeckt

Zur Funktion –
In diesem System
Dazu werden wir gestimmt,
getrimmt, bestimmt den Weg zu gehen!

Individualität –
Schöner Begriff, er wird mal erwähnt
Doch wir sollen alles bloß nur Lämmer sein!
Den Hirten stets folgen, ohne mich! NEIN!

Konzeptlos, hirnlos, immer parieren
Wir leben bloß zum Abkassieren!
Banken, Finanzen, Zinsen
Sie belügen uns schamlos und frech grinsend!

Es ist der Abschaum der Gesellschaft
Im Gremium ganz da oben!
Gauner, Hetzer, Mistgeburten!
Die dem Reichtum sich erproben!

Schlimmer noch wie die Pest!
Sichtbar, trotzdem oft unentdeckt
Doch wird einer von ihnen angeprangert
Werden viele Fälle aufgedeckt!

Werdegang

Es folgen die Berge

AUF DIE
TÄLER

FOLGEN DIE
BERGE

AUF DIE
GETANE ARBEIT

DIE VOLLENDETEN
WERKE

Therapiert

Jede Menge Träume, Ziele und Ideen
Aber keine Kohle und daran hängt's!
35 Jahre nix gebacken bekommen –
In der Seele, nun – da klemmt's!

Kein Geldscheißer im Keller
Kein Gold auf dem Teller
Kein Diamant wird serviert –
Nur ich selbst, mich mal wieder therapiert!

Und so scheibe ich diese Scheiße
In Reimen, in Versen, auf diese Art und Weise
Abgefuckt bin ich, bis zum Dorthinaus
Doch was soll ich tun!?
Stück für Stück geht's hier nur raus!

Der Winter gelaufen
Das Frühjahr es nagt an mir
Hoffe der Sommer wird besser
Wie steht's am Tacho vom Gefühlsmesser!?

Der Puls er bebt
Der Schmerz, durch mich er lebt
Der Weg er geht, geht weiter –
Stetig die gleiche beschissene Leier!

Bewältigen

**Ich bewältige hier
Die dunkle Zeit in mir**

**Die Härte jener
Depression
Ein gefühlter –
Halber Tod**

Traurigkeit
Sie spricht hier
Jeder einzelne Ton

Depressionen

Der Regen fällt

Alte Zeilen
Aus meinem Leben,
die bestehen –
doch mir nix mehr geben!

Ich muss gehen
Mich fortbewegen
Stürmisch-rau, so pfeift der Wind
Und so fällt der Regen

Die Vergangenheit
Sie wird immer länger
An Zielen gescheitert
Die Luft wird enger!

Keine Chance
Etwas zurück zu holen
Die Zeit sie nimmt
Hat schon so vieles gestohlen!

Alles zieht
Und alles fließt
Bin getroffen
Bin geschlagen

Kein Trost
Kein Licht
Dunkel ist es,
an diesen Tagen

Brennender Himmel

Ich bin gefangen in Gedanken
Keine Minen die sie sprengen
Schwarze Wolken die so tief –
Am brennenden Himmel hängen

Und ich bete und ich rufe
Bitte um Gnade, dass Gott mich hört
Meine Träume, meine Ziele
Sind ausgebrannt und zerstört

Keine Engel die das schweben
Dem Schmerz ganz und gar erlegen
Der Mund bleibt stumm
Er würde bloß in Trauer reden

Schwarze Raben
Schwarze Engel
Schwarz der Himmel
Ist dies das Ende!?

Träume verbrannt
Ziele unerkannt
Kein Lachen zu sehen
Ich werde langsam untergehen

Depressionen

Dämmerung

Ich suche alles was ich hatte
Mein Leben wächst
Im Nachtschatten
Keine Sonne, kein Licht
In der Dämmerung, da lebe ich!

Kein Leben, tot wie das Nichts
Bevor ich werde –
Stirbt das Licht
Dunkelheit, Nebel bis in die Ferne weit
Ich träume, doch lebe keiner Zeit!

Wie ein großes
So schönes Rosenbeet
Doch der Herbst kommt, für den Anblick –
Ist es längst zu spät

Der Winter lebt
Prächtig klares Eis
Ich lebe nicht
Die Erkenntnis, um die ich weiß!

Geländewagen

Selbst wenn ich –
Millionär doch wär'
Müsste ich nicht –
Den „Dicken" markieren!

Ich bräuchte keinen
Fetten – Geländewagen
Denn ich würde eh nicht –
Ins Gelände fahren!

Müsste auch keinen
Idiotischen Status pflegen
Denn mir ist es sowieso egal
Was und worüber die Leute reden!

Doch, die Gesellschaft
Ja sie braucht Futter auf dem Tische
Also dann, na los –
Butter, bei die Fische!

Eisentor

ER TRITT HERVOR
BEIM NÄCHSTEN SCHRITT, DURCHS
EISENTOR
DER PRINZ IM –
SCHWARZEN MANTEL DRIN

ER BEWEGT SICH FORT
TRITT VOR SEINEN SPIEGEL DORT

TRAURIGKEIT IN SEINEM BLICK
DOCH DAS SPIEGELBILD EIN LÄCHELN ZEIGT
IN DER LÜGE SEHR VERSTRICKT
DENN IN WAHRHEIT, BEDRÜCKT VOM LEID

UND SO IST DER SPIEGEL –
DOCH NUR EIN FESTES BILD UND ES IST
VERSIEGELT
SO LACHT DER PRINZ IM DAUERSCHEIN
TROTZ ALL DER TRÄNEN
SIEHT ER EIN – FRÖHLICH PRINZLEIN

UND DER SCHMERZ
UND DER KUMMER NAGT AM HERZ
DUNKELHEIT IM PRINZENREICH
UND DAS BILD –
ES SPIELT IHM NUR EINEN STREICH

Schwarzes Buch

Alte Seiten, schwarzes Buch
Buch geöffnet –
So entfaltet sich ein böser Fluch

Die Legenden
Die uralte Sage
Totenschädel
Auferstanden aus dem Grabe

Wie grünes Gift
Funkeln seine Augen
Wenn er geht auf Beutejagd
Wachsen aus den Armen, Klauen

Und die Zähne werden
Spitz und lang
Er gibt sich erst zufrieden
Bei seinem großen Fang!

Halbes Monster
Erfundene Geschichte
Halbe Sage
Geformte Gruselgedichte

Märchen und Geschichten
Man erzählte sie sich
Und dann die ganze Nacht nicht geschlafen
So brannte bis zum Morgen das Licht
Gesellschaft

18

Erinnerst du dich zurück
An diesen Tag in deinem Leben?
Als die Tore alle offen standen –
Und die Frage hieß, wohin soll's gehen!?

Auf jeden Fall raus
Weit hinaus, in die weite Welt
Dieser Tag – an dem du 18 wurdest
Wie war es um dich und dein Leben bestellt!?

Hast du die Schlüssel im Zündschloss
rumgedreht!?
Hast du die Korken knallen lassen, dich mit
Wein und Rum bewegt!?

Hast du gefeiert als
Würde es keinen Morgen geben
Erinnerst du dich zurück –
An deinen Tag, in deinem Leben!?

Endlich 18! Endlich tun und lassen
Was man selbst doch will
Heute bin ich mitten im Leben und ich sage –
Vor 18, waren die Stürme noch so still!

NACH LUST UND LAUNE

Christian Hofmann
Entgegen der Zeit

Nach Lust und Laune
Sonnig-geile Grüße
Haar und Haut
Diese Welt
Lebe dein Leben
Erkenne
Aufdruck „Wein"
Damned habit (UK Lyric)
Verdammte Gewohnheit (German Lyric)
Umweltliebe
Hopfen und Malz
Dachdecker
Leistungsniveau
Blätter am Asphalt
KRANK
Innere Unruhe
Ruhe und Zeit
Very hot

KLEINER WORKSHOP Reime schreiben

Nach Lust und Laune

Nach Lust und Laune
Einfach „Frei nach Schnauze"
Gesicht gegen den Wind
Sehen was die Zeit so bringt

Endlich mal weg –
Von gezielt und immer perfekt
Einfach mal leben, nicht planen
Ich will's riskieren, ich werde es mich wagen!

Nach Lust und Laune
So will ich endlich leben
Einen Mittelfinger und „Fuck it"
Auf all die Schnösel geben!

Fahne an den Mast
Segel in den Wind
Fort von hier, schneller als schnell
Ich will weg und zwar geschwind

So weit wie möglich in der Stunde
So schnell wie der Turbo nur kann
Langsam aber sicher spüre ich –
Ich fange nun zu leben an!

Breite Spur, fühle das Leben pur
Freiheit gibt's nur – in der Natur!

Sonnig-geile Grüße

Entfache ein Feuer
Sende ein Signal
Setze jetzt Zeichen
Breche Grenzen allemal!

Überquere das „Geht nicht"
Entfernt der Gewohnheit
Du kannst es noch, kannst es doch
Gestorben ist die Hoheit!

Du lebst
Du gehst
Du spürst es
Weil du dich bewegst

Verlieren kann –
Im Leben echt jeder
Es gewinnt nur der –
Der sagt; „ich probiere es wieder"!

Auch wenn du fällst
Los! Wieder auf die Füße
Das Leben sendet dir
Die besten, sonnig-geilen Grüße

Haar und Haut

Ich kann den Sinn
Im Leben – nicht verstehen!
Wenn Dinge kommen,
sie doch auch wieder gehen!

Mein Leben
Es frisst mich auf
Samt, der Knochen
Mit Haar und Haut

Ich habe eines jedoch
Nun begriffen
Meinung und Gefühle
An ihnen, mich wundgeschliffen!

Vieles muss man ertragen
Ohne zu verstehen, ohne etwas
Zu sagen oder hinterfragen –
So wollen sie es gerne haben!

Geboren werden
Um glücklich zu sein leben
Es ist die größte Lüge, der Trug
Von allem Leben!

So war's –
Und so soll es immer sein!

Diese Welt

Diese Welt
Sie macht mich depressiv
Es geht ums Geld
Und die Dinge laufen mies!

Diese Welt
Stimmt mich negativ
Es geht ums Geld
Menschlichkeit läuft schief!

Diese Welt
Sie macht mich aggressiv
Es geht ums Geld
Die Bedingungen sind fies

Diese Welt sie –
Sie, sie, sie
Ist verschissen
Ist es einfach c'est la vie!?!?

Wo kann ich noch
Hier im Leben Gutes abgewinnen!?
Möge Gott doch endlich bitte –
Vernunft in die gesamte Menschheit bringen!

Lebe dein Leben

Lebe dein Leben
Werde glücklich
Sagen sie, doch –
Was genau meinen sie!?

Ich habe begonnen
Fragen zu stellen
Meine eigene Welt zu leben
Getragen meiner eigenen Wellen!

Bin ich durchgedreht?
Und einfach nur wahnsinnig!?
Oder lebe ich mich wahrhaft selbst
In dieser Welt nur unstimmig!?

Lebe dein Leben
Aber nur nach unseren Regeln!
Deine Freiheit, zur Gewissheit –
Sie lautet „Arbeitszeit"!

Schaffe und erbringe
Verrecke doch lass' die Kassen klingeln
Lebe dein Leben
Wir werden deine Zeit verbringen!

[Erkenne]

ERKENNE ALLES
VON ALLEN

MUSTER
UND FALLEN

**DEM LEICHTSINN
VERFALLEN!**

Aufdruck „Wein"

Mein Leben ist kein leichtes
Gequält vom Leid der Depressionen
So lange und so viele –
Von diesen Negativ-Stationen

Gefühlte und erlebte –
Tiefe Traurigkeit
Das letzte Lachen liegt zurück
Schon so viele Tage weit!

Melancholie-Poesie
Fluch und Segen
Sonne nach dem Regen
Etappenschluss – kennt keine Therapie!

Die letzten Tage
Voller Lächeln im Sonnenschein
Leer die Flaschen mit dem
Aufdruck „Wein"

Keine Aussicht zu genießen
Kalt die Füße auf den Fliesen
Das Spiegelbild, es so viel verrät
Freude dich sich selbst begräbt!

Damned habit

Tell me, how do I change my life
It loves me, but I hate it!
The thoughts live, yet I die
My body moves, but I am faded

There is only this one thing
There comes a new spring
Life blossoms in new glory
But I live in one worry

How do I change my course
How do I break the loop
Thoughts have me under control
They are the leading troop

How do I break the damn habit?
What means do I use to beat myself?
I live by default
I am put down like a shelf

How do I break the damn habit?
How do I free myself from the chains?
When I lose myself - do I get gains?

Do I have to destroy myself
Can I start something new like this?
How do I break the damn habit
How do I get what I'm missing?

Die verdammte Gewohnheit

Sag mir, wie verändere ich mein Leben
Es liebt mich, doch ich hasse es!
Die Gedanken leben, doch ich sterbe
Mein Körper bewegt sich, doch ich bin verblasst

Da ist nur diese eine Sache
Es kommt ein neuer Frühling
Das Leben blüht auf im neuen Glanz
Aber ich lebe in einer einzigen Sorge

Wie ändere ich meinen Ablauf?
Wie durchbreche ich die Schleifen?
Die Gedanken haben mich unter Kontrolle
Sie sind die führende Truppe

Wie breche ich die verdammte Gewohnheit?
Mit welchen Mitteln schlage ich mich selbst?
Ich lebe nach Vorgaben
Ich bin abgestellt wie ein einem Regal

Wie breche ich die verdammte Gewohnheit?
Wie befreie ich mich aus den Fesseln?
Wenn ich mich verliere –
Bekomme ich so die Gewinne?

Muss ich mich vernichten?
Kann ich so, etwas neu beginnen?
Wie breche ich die verdammte Gewohnheit?
Wie bekomme ich, was ich vermisse?

Umweltliebe

Heute lass' ich mal mein
Vehikel stehen
Bewege den bequemen Arsch und werde
Zu Fuß ins Städtchen gehen

Weil mir ja auch
Die Umwelt am Herzen liegt
Ich heute nicht, den Zündschlüssel
Ins Zündschloss schieb'

Und auch die Spritpreise
Ja, sie sind unverschämt
Dies ist auch ein Grund der mich –
Regelrecht zum Laufen zähmt!

Sogar beim Laufen
Ja da fallen mir Gedanken in den Schoß
So schreibe ich sogar im Gehen
Na jetzt, jetzt geht's aber los!

Schilder und Papier
Habe ich im Blick vor meiner Nase
Diese Umweltliebe –
Sie bringt mich in eine ganz neue Phase!

Ich lerne die Moral daraus
Lass öfters doch mal das Vehikel stehen
Und die Natur –
Sieht gleich viel natürlicher aus!

Hopfen und Malz

Hopfen und Malz
Sei ja sehr gesund!
Dazu noch Wasser und gebraut –
So schluck es hinunter in deinen Grund

Auch Hefe und Weizen
Daran möchte man gar nicht geizen!
Hefe, Weizen, Hopfen, Malz
Der liebe Herr Gott, bitte doch, erhalt's

Im Brauerei-Gebrauch
Schenkt man noch einmal ein Gläschen aus
Ein Glas zu viel des Guten –
Da steigt manches Mal, doch auch Freude auf!

Doch verbreiten Unmengen, auch –
Wirrwarr und Quatsch im Kopf
So kommt die Frau zur Eile
Mit einem Eimer Wasser, wenn dieser nicht hilft
So holt sie den Kochtopf!

Tradition und Reinheitsgebot
Feierlichkeit und hoch die Tassen
Gefüllte Krüge und auch Gläser
So kann man doch den Tag, in Ruhe angehen lassen

Dachdecker

Die Leute von der Müllabfuhr die,
in Intervallen alle Tonnen lehrt
Weckten mich auf ihrer Tour
Durch ihren Lärm, ich dachte hier läuft etwas
verkehrt!

Die Gesellen vom Dachdecker
Machten mich wach
Am frühen Morgen, also in halber Nacht
Vor meinem Radiowecker

Zu allem Glück, so wurde es perfekt
Hat mich auch der Nachbar noch geweckt
Aller guten Dingen sind drei
Dreimal wieder eingeschlafen und dreimal wieder
aufgeweckt

Dann bellte noch der Hund
Beim Nachbarn gab es Hammerschläge
Es ertönte die Motorsäge
Konnte nicht mehr schlafen, der Lärm – der Grund

Zu allem Übel kommt noch hinzu
Es war mein freier Tag
Im Schlaf traf mich der Schlag!
Ausschlafen und Ruhe, war in der Früh tabu!

Leistungsniveau

Meine Psyche gestresst
Mein Körper entzündet
Das Gemüt ist bedeckt
Doch der Antrieb gezündet

Ich will und ich möchte
Ideen und Lebenslust
Im Kampf ums Gleichgewicht
Mit Depression, Wut und Frust!

Berg- und Talfahrten
Vertraut meiner Lebensstrecke
Ein Auf und ein Ab
Von der Geraden bis zur Ecke

Motivationsschub
Und des depressiven Dämpfers
Verzweiflung und Trauer
Stärke eines Kämpfers!?

Mal ausgelaugt und K.O.
Mal auf Power – Höchstleistungsniveau
Es sinkt, es steigt, sackt und streikt
Mein Leben, mein ICH – Lebenszeit

Blätter am Asphalt

Es raschelt und rasselt –
Auf der Lunge wie Blätter am Asphalt
Meine chronische Bronchienkrankheit
Hat es schwer in aktueller Zeit

Depressionen und Stress
Hektik
Kurzatmigkeit, Atemnot
Erinnerung – dass ich Luftholen nicht vergess'

Depression im vollen Umfang
Volles Programm
Leistung unten, Kummer oben
Im Schaubilddiagramm

Keiner weiß wie dies ist!
Wie es sich anfühlt
Lunge schmerz, Kopf ist dicht
Mein Herz stark unterkühlt!

KRANK

Meine Depressionen
Sie gehen und sie kommen
Wann hat es eigentlich –
Mit ihnen mal begonnen!?

Ich trage keinen Stempel
Auf meiner Stirn
Doch die Gedanken
Sie betäuben mein Hirn!

ICH BIN KRANK

Was ist bei mir
Bloß schiefgelaufen!?
Was ist geschehen
Und was passiert!?

Gedankenkreislauf
Fest umschlungen
Bis ins Kleinste –
Engmaschig strukturiert

ICH BIN KRANK

ICH BIN KRANK!

Innere Unruhe

Der Regen fällt
Dünn und fein im Takt
Der Zeiger der Uhr,
er wieder eine Runde packt!

Der Wind steht still
Sogar die Sonne scheint
Doch ich habe innere Unruhe
Und meine Seele weint

Der Verkehr fließt
Strukturiert und geordnet
Das Leben im Gange –
An allen Orten

Die Sträucher stehen still
Innere Ruhe, die ich will!
Doch in mir da ist es so –
Aufgewühlt und es pulsiert!

Ruhe und Zeit

Ich würde gerne;

ERFORSCHEN, ERGRÜNDEN WISSEN UND VERSTEHEN

Warum ich nachdenke und
Warum ich philosophiere und
Warum ich so tiefgründig bin

Und

Warum brauche ich
So viel Ruhe und Zeit
Für mich!?

Very hot

You are a winner
And I am a beginner
Your triumph is very hot
Ich hänge stumpf im Trott!

You are very well
Man, scheint die Sonne aber grell
You are a great star
Ich bin ein fake! What the hell!? Ya!

Ich schreibe hier
Im Slapstick-Namen
Gebt den Affen doch
Noch mehr von den Bananen

Ich lache aus dem Rachen
So enorm
Ich habe einen Clown gefrühstückt
In ganzer Form!

KLEINER WORKHOP Reime schreiben

Für Anfänger, die einfachsten Schritte…
Ein Reim mit Wortspiel

Wenn ich **könnte**
Wie ich *wollte*
Und nicht **müsste**
Wie ich *sollte*
Dann würde es
Mir besser *gehen*
Es fällt nicht schwer
Dies zu *verstehen*

Für Anfänger, die einfachsten Schritte…
Es geht ums Gehen oder ums Bleiben

Ich wünschte
Ich wäre *ein Baum*
Oder die –
Treibende See
Fest an Ort und Stelle
Oder doch
Auf **Nimmerwiedersehen**

Für Anfänger, die einfachsten Schritte…
Reim mit gezielter Botschaft

Ein Bäumchen
Steht im Walde –
Ganz still

Seine Ruhe haben
Ist was er
Gerne will

Meisterwerk
oder Tintenklecks

Christian Hofmann
Entgegen der Zeit

Die Unendlichkeit
Wortewigkeit
Rainbow turns black (UK lyric)
Schwarzer Regenbogen (german lyric)
Schönheit eines Traums
Daheim
Adern
Hoch sind die Berge
Prinzipien
Alte Songs
Verwünscht
Impfskandale
Kleiner Klamauk-Einwurf
Strich für Strich
Meisterwerk oder Tintenklecks
Letzte Nacht
Ich träume mein Leben
Gewissen

DIE UNENDLICHKEIT

Ich schaue in den Abendhimmel rauf
Meine Augen folgen dem Sternen-Verlauf
Der Blick reicht so fern und weit
Magisch und geheimnisvoll,
so erscheint mir die Unendlichkeit

So fern,
doch jeder einzelne Stern
In der großen Galaxie
Überwältigend ist der Anblick
Wie beschreibe ich diesen –
Mit meinen Worten, in herrlicher Poesie

Gibt es da draußen
Irgendwo –
Noch ein anderes Leben?
Fragen und Mystik
Es ist an der Zeit, mir dafür einmal,
meine Zeit zu nehmen

Ein anderes Leben
Auf den fernen Planeten
Ob da vielleicht auch welche –
Tanzen, singen und reden!?
Und vielleicht schaut auch jemand
Auf uns hier unten
Wird die Menschheit, dies jemals erkunden!?

WORTEWIGKEIT

Die Wortewigkeit
Wie komme ich zu diesem Wort, in dieser Zeit!?

Ich habe Gedanken
Ich lebe die Sprache in Wort und Reim
In Vers und Schrift und ich
Schließe mich mit in den Zeilen ein

Unendlich sind
All meine Gedanken
Denn der Geist übersteigt
Hindernisse und Schranken

Solange ich dieser Erde beiwohne
Mit dem Verstand im festen Körper
So werde ich schreiben, Zeilen verfassen
Denken, erklären, erörtern

Die Sprache auch ein Instrument
Zum Erhalt der vergänglichen Zeit
Irgendwann einmal ist alles Geschichte
Und man blickt zurück, auf diesen Bestand
Zurück
So weit

RAINBOW TURNS BLACK

There is this
sign in the sky
An arc stretched
so far and high
Amazing colourful and truly wonderful

It was the promise
At that time
The body of Jesus Christ
His blood and we drink wine

Mankind is decayed
Every redemption comes too late

But on the day of judgment
There is no turning back
When God has no mercy
Then the rainbow turns black

We don't think of a future
We let our children die
May god please have mercy
For the war, the death and the lie

If God loves human beings
Can we look into his eyes with our disgrace?
He will judge us
From face to face

SCHWARZER REGENBOGEN

Es ist dieses Zeichen am Himmel
Ein Bogen gespannt, so fern und hoch
Meisterlich bunt und wahrlich wundervoll

Es war das Versprechen zu jener Zeit
Der Leib Christi, sein Blut - wir trinken Wein
Die Menschheit ist verkommen
Jede Erlösung kommt zu spät

Doch am Tag des, Jüngsten Gerichts
Da gibt es kein Zurück
Wenn Gott keine Gnade hat
Dann färbt der Regenbogen sich schwarz

Wir denken nicht an eine Zukunft
Wir lassen unsere Kinder sterben
Möge Gott bitte Gnade haben
Für den Krieg, den Tod und die Lüge

Wenn Gott die Menschen liebt
Können wir mit unserer Schande in seine Augen
schauen?
Er wird uns richten
Von Angesicht zu Angesicht

SCHÖNHEIT EINES TRAUMS

Ich werde meinen großen Traum,
dieses Ziel – nicht mehr erreichen
Denn mein Leben vergeht
Die Zeit ist am Verstreichen

Schön sind die Bilder im Kopf
Die Gedanken die mich tragen
Traurig und enttäuscht –
Nun, leider nichts davon zu haben!

Diese Visionen im Schädel
Dieses Bild hängt an den Nägeln
Diese Schönheit eines Traums
Ein Werden des Zwischenraums

Schön sind die Träume
Sie gestalten die hässliche Realität
Träumen ist scheinbar meine Gabe
Die Wortvergabe dazu, wohl Spezialität

So träume ich mein Leben
Doch versäume es auch hingegen
Doch der Traum ist viel zu schön –
Darum sage ich auch nicht „Auf Wiedersehen"

DAHEIM

Was würde geschehen, wenn ich alles,
was ich wollte auch erreiche?
Wäre mein Leben erfüllter oder mein Herz,
wahrhaft bereichert!?

Habe ich in Wahrheit, erkannt und ihn
gefunden, der ich doch bin!?
Bin ich näher gekommen um mich zu entfernen,
von jeglichem Sinn!?

Die eigene Kraft, die Energie –
Im Zentrum vom Puls
Es werde was sei und auch was vergeht,
ach komm schon, was soll's!?

Einen weiten Weg zurückgelegt
Nebel und Dunst, therapeutische Kunst!
Dunkelheit und Depression
Immer am Wort, bin auf Reim-Mission!

Viele Wege, die da meine kreuzten
Keiner Wahrheit zu fein, warum also leugnen!?
Rap, Rock, Erzählkunst, Dichterei
Im Wortezauber abgekommen, bin somit
daheim

ADERN

Und heute beim Spazierengehen
Schaute ich mir das erste Mal –
In meinem Leben das Astwerk eines Baumes
Ganz genau an, ich nahm mir die Zeit

Und ich erinnerte mich,
an diese Bibelstelle Genesis –
„So nahm ER Staub und Erde und hauchte ihnen
Leben ein"

Nach einiger Überlegung;

Ich stellte fest –
Oder viel mehr, einen Vergleich

Unsere Adern
Unter unserer Haut
Verlaufen wie die,
dürren Äste eines Baums

HOCH SIND DIE BERGE

Hoch, sind die Berge
Und so - weit schweift der Blick
So weit schon gegangen
Betrachte das Leben zurück

Bewahre die Bilder
Jener Erinnerungen auf
Geblüht und verwelkt
Ist so vieles im Lebenslauf

Manche Momente
Sie waren wie Felsen so kantig
Manche so geschliffen –
Wie die Diamanten am Ring

Weit war der Weg
Zu werden wie einst
Lerne dir zu vergeben
So du, auch Anderen verzeihst

Und der weite Blick ins Tal
Und bis zum Horizont
Er wirkt so überwältigend
Im Regen – oder auch, wenn das Land wird
gesonnt!

PRINZIPIEN

warum
muss ich schreiben
dichten
und auch
philosophieren
!?

warum werde ich
depressiv
beim
nach „prinzipien funktionieren"
!?

ALTE SONGS

Im Radio spielen sie
Die guten alten Songs
Ich träume mich zurück
In eine längst vergessene Zeit

Jeder vertraute Moment
Er blüht wieder auf
Die Seele ist erfreut
Sie atmet tief und lang und weit

Diese Melodien
Und all ihre Geschichten leben auf
Es holt mich zurück aus dem Jetzt
Ins Damals und zu dem was war

Und dann--- komme ich zurück
Betrachte meine Haut
Und auch mein Haar, kaum zu glauben
Doch so verging echt, Jahr für Jahr!

Doch die Erinnerungen
Haben das Gefühl von;
„Die Zeit ist nie vergangen"
Vieles hat einfach bloß, neu angefangen

Die alten Songs im Radio
Die Zeit, sie war so grandios!

VERWÜNSCHT

Verwünscht
Verhext
Verzaubert –
Vom Text

Gefangen dieser –
Wortmagie
Angefangen mit –
Therapeut-Poesie

Gewachsen
Gereift
Gesandt
Lyrisches Sammelwerk
Es entstand

Schon so viele –
Jahre mit,
Wort und Schrift
Werkzeug meiner Hand
Ist und bleibt, doch
der Stift!

IMPFSKANDALE

IMPFSKANDALE
SCHULDZUWEISUNGS-RANDALE
ES GEHT UMS BEZAHLEN –
ONLINEDIENSTE, KÖNNEN GUT LACHEN HABEN

LOCKDOWNZIRKUS
IMPFTHEATER, ES WIRKT AUF UNS
ALLES WISSEN ALLES
DOCH MANCHE WISSEN MEHR UND BESSER
WORTE UND GEMÜTER,
SIE SIND SCHÄRFER ALS DIE MESSER!

WAS IST ES DOCH –
FÜR EINE SCHÖNE WELT GEWESEN
UNVERMÖGEN UND DUMMHEIT
STECKT LEIDER INS UNS –
MENSCHLICHEN WESEN!

GEREMIUM
GIPFELTREFFEN –
KONFERENZEN
POLITISCHER TOLLHAUS-BETRIEB
DER KLAMAUK –
NEIN! DER KENNT KEINE GRENZEN!

HAMPELMÄNNER; HAMPELFRAUEN
DER POLITIK, WERDE ICH GWISS NICHT
TRAUEN
KLEINER KLAMAUK-EINWURF

Meine Güte ja!
Schaue mal Lydia, die Blüte da, sie blüht ja!

Heiner und Rainer
Die Beiden sie sind Schreiner
Ist das Holz nicht im Eimer
So braucht die Beiden, keiner!
Aber ist das Holz, doch im Eimer –
Kommen Heiner und Rainer
Denn die Beiden, sie sind Schreiner!

Fisch steht am Tisch
Bei Ansgar, der angeln war
Der Fisch am Tisch, ist also frisch!
Ansgar hat ihn gebraten, bis er ganz gar war
Ansgar wurde klar, dass Hans noch nicht da
war!
So ist der frische Fisch am Tisch, zwar:
ganz gar, freut sich Ansgar
Wagt sich aber kaum dran da, weil Hans – bei
Ansgar, noch nicht da war!

STRICH FÜR STRICH

Ganz blass ist sein Gesicht
Sein Lächeln gezeichnet
Strich für Strich
Das Lachen trägt er
Zur Kindesfreude
Allein im Kämmerlein dann, darf er heulen!

Sein Lachen es ist aufgesetzt
Gerade in Zeiten, so wie jetzt!
Das Lachen ist schon –
Längst vergangen
So hält man sich,
einen Clown gefangen!

Im Zirkuszelt –
Da ist er die Lachnummer dieser Welt
Gequält sein Lachen denn;
In der Manege fliegt das Geld!

Er ist bloß die
Clownsfigur
Auf Knopfdruck abrufbar
Rund um die Uhr!
Sein Inneres
Ist ein Feuerwerk
Für die Unterhaltung
Ein teurer Wert

MEISTERWERK ODER TINTENKLECKS

Routiniert
Therapiert
Vielleicht ein bisschen „kollabiert"!?
Fest eingefahren, aber dennoch kreativ
Ganz unterschiedlich, letztendlich
Wie doch mein Schreibstil verlief

Bin ich nah dran!?
Bin ich weit weg!?
Befinde ich mich zwischen
Meisterwerk oder Tintenklecks!?

Ich weiß
Ein Meisterstück bracht
Zeit für Zeit
Tintenklecks
Wie jeder weiß
Getropft, verschmiert – bin geeilt!

Künstlerform!?
Liebe die Sprache echt enorm!
Verfassen, kreieren und dichten –
Ist es Müll – dann beginne ich von vorn!

Meisterwerk oder Tintenklecks
Gefällt's mir nicht, werfe ich es weg!

LETZTE NACHT

In letzter Nacht, wieder mal erwacht
Wieder mal um den Schlaf gebracht
Was am Tag doch so zu unterdrücken war
Es kam in der Nacht und ich lag dann wach

Schlechte Träume, das Herz am Rasen
Der Körper betäubt und Gedanken erzittern
Mein Leben, meine Wunden
Es tobt der Donner, Blitze – ein Gewitter!

Herz rast, Brustbereich ist angespannt
Der Schmerz vertraut, wie die Spuren im Sand
Wem soll ich dies erzählen?
Wer kann mir denn schon helfen?
Meine Last die ich trage, trage ich mein Leben
lang, bis zu dem Tag ins Grabe!

Und dieses Stechen, pochen, erhitzen
Unter der Haut am Herzen
In so mancher Nacht, wenn ich unter Panik
erwach, dann habe ich das Gefühl –
Die letzte Stunde schlägt, ich sterbe –
An meinen Schmerzen!

Meine Gedanken stehen nie still!
Ich habe so vieles, was ich gar nicht will!
Warum erleide ich im Leben so viel Schmerz!?
Warum sticht es mir, fast jede Nacht am Herz!?
ICH TRÄUME MEIN LEBEN

Mehrere Berufe
Aber gar nichts lange durchgehalten
Es nagt an mir, warum geht es mir so schlecht!?

Warum habe ich so viele Träume!?
Sag, warum ich meine Zeit versäume!?
Warum pass ich nicht in dieses Scheiß-System!?

Meine Wege, sie sind einsam,
kalt und ich bin allein
Die Seele ist getroffen, der Kopf ist wie besoffen,
mein Inneres ist so hart wie Stein

Und ich bin immer nur am Schreiben
Zur Betäubung von all meinem Leiden
Doch ich wollte, gar nicht mehr so leben
Doch wenn ich es nicht schreibe, mit wem
außer Gott und mit mir – kann ich denn schon
reden!?

Ich schreibe lediglich zur Therapie
Mein Leben, meine Gesundheit, versteht eh
niemand, weder heute, morgen – also nie!
Ich erspare mir Gerede, Zeilen die mir tief –
Unter meiner Haut, fest kleben
Und ich träume, träume, träume… mein Leben

GEWISSEN

Mein Gewissen, das mich quält
Fast nur geträumt und nie gelebt
Vieles habe ich aus Pflicht doch bloß gewählt

Doch gehen, musste ich jedes Mal den Weg!

Was bringt die Weisheit!?
Was bringt das Wissen!?
Was bringt es denn zu lernen!?
Wenn wir nicht wollen, was wir aber müssen!?

Was ergibt es für einen Sinn!?
Wenn ich sein soll der ich bin –
Aber dies keinem hier passt!
Das ist doch ein Problem, welches nicht ich –
Sondern welches du hast!

Ich scheiße aufs Geld
Den Ablauf dieser Welt
Freiheit, frei sein –
Nur das ist was zählt, was mir auch gefällt!

Doch das Gewissen, es plagt mich
Es erlegt auf, spricht nicht oder fragt nicht!
Ich bin das Lamm!
Folge den Hirten, was es von mir verlangt!?

FUCK YOU!
GEWISSEN – FUCK YOU!

Neue Zeile,
der nächste Gedanke

Christian Hofmann
Entgegen der Zeit

Den Gedanken folgen
Glück einfädeln
Leben zurück
Lebenslanger Neuanfänger
Für alle
Therapiestunde
Gedichte-Inventur
Leblos und leer
Polit(r)i-c-k
Der Mond wacht
Härteste Zeit
Sonnenlos
Trauer
Universum
Aktuelle Lage
Tage wie heute
Keine Schuld

Den Gedanken folgen

Im Innern das Treiben
Schmerz und Qual, ein einziges Leiden
Seit Jahren schmerzt das Herz
Jeden Tag das Gleiche;
Hoffen und bangen, ich wünschte so sehr –
Es ließ sich alles noch mal von vorn anfangen!

Ich finde aus dem Strudel –
Von Kummer und Schmerz nicht heraus
Jeder Tag gibt mir aufs Neue
Wieder eine oben drauf!

Auf dieser Welt ist alles bloß geliehen!
Darum will ich einfach leben –
Einfach mit den Gedanken ziehen
Den Gedanken folgen
Wohin sie mich auch tragen
Ohne ständig nach dem Warum, Wieso –
Immer nur zu fragen!

Das Leben, es bedrückt mich!
Nein! Ich bin nicht glücklich!

Glück einfädeln

Ich zerbreche mir täglich
Den Schädel darüber,
wie ich wohl –
Mein Glück einfädel!?

Ohne Arbeit
Der finanzielle Gürtel drückt
Es lässt nicht nach, nicht nach –
Ich habe das Gefühl, ich werde verrückt!

Das Herz ist am Rasen!
Es rast
Rasant überschlägt es sich
Keine Lösung durch einen Fingerschnips!

Panikattacken!
Angst vor dem Verrecken!
Der Tod mittendrin im Leben
Keinen Platz zum Verstecken

Leben zurück

Niemand ersetzt dir dein Leben
Keiner korrigiert deine Fehler!
Doch Vorwürfe und Vorhaltung
Die, macht hier im Leben jeder!

Doch wenn du genug Geld hast
Und eine Position mit Macht dazu
Dann ist es alles scheißegal –
Was ich sage, verstehst du!?
Alles erlebt, alles erfahren
Der tägliche Ablauf
Nachrichten und Schlagzeilen
Geld im Fluss – im Austausch!

Verlogene Drecksgesellschaft
Dabei ist die Welt, doch so eine schöne!
Freiheit und Träume
Wonach ich mich so sehr sehne!
Ich will gar keine große Garantie auf
irgendwelches Glück –
Nein! Verdammt nochmal!
Will ich nur, mein Leben doch zurück!

Lebenslanger Neuanfänger

Ich kann nicht
Aus meiner Haut
Rigoros jeder Abbruch –
Wenn ich fühle es ist verbaut!

Wenn ich im Leben spüre
Der Abstand wird größer
Und die Wege sie werden länger

So bin ich –
Und bleibe ich wohl ein

LEBENSLANGER
NEUANFÄNGER!

Für alle

Es ist definitiv –
Angenehmer Hilfe anzubieten
Und auch zu unterstützen,
als wie ständig Hilfe gebrauchen zu
müssen!

Meine Texte sind für alle!

Jedoch aber bestimmt für jene –
Die ein schweres Leben haben!
Die stetig im Kampf mit sich selbst
sind...

Therapiestunde

Eine Therapie oder bzw. ein/e Therapeut/in dient lediglich dem Zweck, seiner Seele – der eigenen Seele Ballast zu nehmen.
Man spricht, man redet über all die Dinge, die einen belagern!

Daraus erhofft man, aus diesem Gespräch heraus, die Seele zu befreien. Ein Gefühl, das Gewissen zu beruhigen. Dass man womöglich bei allen Dingen, doch ein guter Mensch ist, dass man doch die Dinge richtig macht, welche man macht. Auch dass man jene Zweifel beseitigt, die immer wieder aufstoßen und einen immer wieder überkommen!

Dieser Text ist jetzt eine Selbsttherapie ohne psychotherapeutische Unterstützung, so stelle ich mir selbst die Frage – WAS WÜRDE ICH JETZT TUN, WENN ICH 45 MINUTEN ZEIT HÄTTE ZUM REDEN!?

So würde ich über meinen aktuellen Zustand sprechen, ich schlafe nachts sehr schlecht, leide an Herzstechen, wenn ich einschlafe, erwache ich. Mir ist übel, mir ist elendig, gar zum Kotzen!

Morgens bin ich dann so müde und kaputt, dass ich es kaum schaffe aufzustehen. Sprachstörungen schleichen sich langsam von Mal zu Mal ein, ich fühle mich total überfordert und überlastet!
JETZT KOMMT DIE FRAGE
WARUM!?

Mir wächst die aktuelle Situation regelrecht über den Kopf! Mich macht es kaputt!
Momentan diese Arbeitslosigkeit, damit verbunden sind auch finanzielle Engpässe.
Viele Kosten und Rechnungen musste ich begleichen!
Kein Geld bedeutet für mich dann immer gleich; Ohnmacht, Hilfslosigkeit, Tod!
Keine Luft holen können – keine Chance mehr zu leben! Daraus resultieren mittlerweile verstärkt Panikattacken und regelrechte Schnappatmungen, damit verbunden sind stichartige Wahrnehmungen im Herzbereich spürbar, bei diesem Gefühl, denke ich, gleich haut es mich um, das wars für mich!
Schwindel, Übelkeit, Luftnot – es ist einfach nur ein Gedanke, Todesgedanke!
Ich klatsche um, das wars!

Diese Zustände hatte ich bereits schon mehrere Male! Ist somit nicht der erste Fall!

NÄCHSTE FRAGE
WAS TREIBT MICH ZU DIESEN ZUSTÄNDEN ODER BIS HIN ZU DIESEM PUNKT!?

Es ist der Sachstand: Arbeitslos zu sein!
Finanzielle Mittel sind rar!
Eine Wohnung, in der ich mich nicht wohlfühle, aber notgedrungen vorerst untergekommen bin.
Ich habe meine Tochter, mein Kind – wo eine Angst mich ständig begleitet, nicht gerecht zu werden finanziell wie auf fürsorglich!
Angst vor Nachrede, vertrauter und geliebter Menschen, dass ich einen bequemen Weg gehe, dass ich keinen Bock habe auf Verpflichtungen.
Eine große Angst, dass vertraute und geliebte Menschen einfach schlecht über mich denken oder über mich urteilen!
Somit habe ich für niemanden, die Erwartungen erfüllen können!
Nach einer Hochzeit wieder scheiden zu lassen, weil ich es mental und nervlich alles nicht packe!
Weil ich unter Beziehungen, wie unter Druck stehe!

Dazu kommen meine Depressionen, ich kämpfe im Innern täglich mit mir selbst, nehme mich auseinander, stelle mich selbst in Frage und zerfleische mich regelrecht.

Es ist so ermüdend
So erdrückend
So belastend
So verdammt beschissen abzustellen!
Ich finde aus diesem Gedankenchaos, keinen Ausweg!

Es ist niemand da zum Reden, keinem dem ich dies erzählen kann.
Es gibt auch keinen der mir wirklich helfen kann!
Ich bete und spreche zu Gott und rede mit mir selbst.
So ist es meine Therapie, genau so, was ich gerade jetzt hier praktiziere!

So schleicht sich dieser Zustand aufs Neue, Tag für Tag durch mein Leben!

Meine Hoffnung sind u.a. ein Lottogewinn, gar nicht um etwa Millionär zu sein oder werden, oder wegen Luxusartikeln, nein!

Sondern – einfach um mich selbst wieder zu beruhigen! Diese finanzielle Angst zu bändigen!

Ich versuche das innere Treiben, zu sänftigen, zu bändigen! Dies fällt mir immer ganz besonders schwer!
Diese innerliche Unruhe, dieses Aufgewühlte zu ordnen, dazu diese Stimmen im Kopf;
Du hast jetzt ein Kind!
Du hast jetzt Verantwortung!
Du bist geschieden!
Warum hast du denn dann geheiratet!?
Warum tust du dies?
Warum tust du jenes?
Warum lässt du nicht das?

Auch mein Berufsleben, an jedem Arbeitsplatz halte ich es ca. gerade ein halbes Jahr aus, seit meinem Burnout, nach dem richtigen Blackout und der Überforderung mit Schlafstörungen und mit den Wortfindungs-Problemen.

Auch wird mir oft gesagt, musst doch mal länger am Arbeitsplatz bleiben, es länger aushalten, es muss doch mal der richtige Job irgendwann dabei sein... etc...

Momentan bin ich fern, jeglicher Lebensfreude – jeglichen Glücksmomenten!

Alles was mich noch aufrecht hält, ist mein Kind, meine Tochter!
Ich liebe mein Kind und möchte alles tun, dass es ihm gut ergeht, immer und zu jeder Zeit!

Ängste die mich auch in den Wahnsinn treiben, sind jene, dass ich bald sterben müsste, bedingt meiner Depressionen und Traurigkeit und der verlorenen Lebensfreude und dem damit verbundenen negativem Lebensgefühl – dass mir all diese Symptome und Zustände ans Herz gehen!

Da ich vermehrt ja Herzstechen verspüre, Herzrasen, es sind Momente wo ich wirklich das Gefühl habe, mein Herz, bleibt gleich stehen und wird nicht mehr schlagen!
Weil sich diese Zustände wie Krämpfe anfühlen.
Als ob das Herz verkrampft von all den Sorgen, dem Kummer, der Angst, den Gedanken –
Als ob mein Herzmuskel einfach nicht mehr die Kraft hat, weiterzuschlagen!

Das ist heftiges und beängstigendes Gefühl.
Manches Mal wird es dann auch wie warm oder heiß
ums Herz!

Aber wem verdammt nochmal –
Soll ich dies denn erzählen!?
Mit wem darüber reden?
Die Leute stempeln doch einen eh ab mit;
Der ist krank!
Der ist ein Psycho!
Der stellt sich an!
Der simuliert!
Der hat einfach eine Macke!
Reg dich nicht so auf!
Mach mal was!
Ändere dich!
Du musst was tun!

ALLES BLOSS GEREDE!
GEREDE! NIX ALS GESCHWÄTZ!
RATSCHLÄGE UND PREDIGTEN

Ich bin seit Jahren schon so gefrustet, deprimiert
und traurig im Innern.
Dies wird und kann niemand auf dieser
beschissenen, verdammten Welt heilen!!!

Ich bin fertig!

Im Arsch! Richtig im Arsch!

Aber dies will auch niemand hören, niemand so wahrhaben!

Es will auch keiner wissen!

Weil es lediglich heißt;

DU MUSST

DU MUSST

DU MUSST

DU MUSST

DU MUSST

MUSST ARBEITEN

MUSST GELD VERDIENEN

MUSST WISSEN, WENN DU HEIRATEST – MAN SICH DOCH NICHT SCHEIDEN LÄSST!

USW....

ICH HÖRE IMMER NUR

ICH MUSS

ICH MUSS

ICH MUSS

ICH MUSS

Das Einzige was ich wirklich muss, ist das –
Was unausweichlich ist ja!
Ich muss irgendwann sterben!
Ich habe das Gefühl, dass ich davon nicht mehr weit
entfernt bin – weil mich alles so belastet und
erschöpft, es nimmt mir die Kraft!

Es kotzt mich alles nur noch sowas von an!
Es ist bloß noch Frust!
Ich habe die Schnauze voll von all dem Dreck!
Frage mich gelegentlich, wofür ich das alles noch
mache!?

Was ich will, bekomme ich sowieso niemals!
Was ich erreichen will, dafür werden mir Steine in
den Weg gelegt!
Bei meinen Träumen und Zielen heißt es immer,
schaffst du nicht, kannst du nicht, wirst du nicht...
ICH BIN DIESE VERDAMMTE LEIER EINFACH SO
SATT!
RICHTIG SATT!
Es macht aggressiv, es macht zornig, lässt einen so
verzweifeln...
Man kommt ans Ende seiner eignen Kräfte!
Es ist nur noch ein Leben, welches mich eigentlich
bloß noch runterzieht!

Gedichte-Inventur

Ich blättere, ich und stöbere
Durch mein derzeitiges Sammelwerk
Die Inhalte mancher Texte, haben für mich –
Einen nicht mehr allzu großen Wert!

Jetzt wird sortiert
Es wird gefiltert und storniert!
Es wird geraspelt, gehobelt und gefeilt
Es wird geschreddert, zerspant und geteilt!

Ich mache jetzt Gedichte-Inventur
Frischhalte-Textur
Alles kontrollieren im Inventar
Alle Sammelstücke, von Jahr zu Jahr!

Vieles kann ich –
Nicht mehr für „GUT" befinden
Ausgelutschte Zeilen für mich!
Die anderen Menschen aber, vielleicht Frische bringen

Durch mein Schreiben
So wachse ich immer weiter und immer neu
Schreiben ist wie leben –
Gestern war, es ist nicht heut!

Leblos und leer

Da wo das Feuer in hohen Wellen bricht
Dort am Punkt, wo nichts mehr zu retten ist
An diesem Niedergang –
Dort befinde ich mich!

Die Verzweiflung brennt
Sie ist im Kern so heiß
Dass ich vergesse, wer ich bin und wie ich heiß'

Die Schmetterlinge schwingen,
ihre in Flammen stehenden Flügel
Meine Wahrheit dieser Welt,
sie verkehrt sich in eine Lüge!

Aussichtslos, trostlos – so ist diese bittere Lage
Das Wort in Kehl' und auf der Zunge
Es wird mir zur Klage!

Was habe ich noch zu erwarten?
Was soll noch werden, soll schon sein!?
Dem Untergang geweiht!
So leblos und leer ist diese Zeit!

Polit(r)i-c-k

Mit ehrlicher Arbeit
So verdienst du kein Geld!
Je krümmer das Geschäft,
desto erhellter die Geldbeutelwelt

Leiharbeit und Mindestlohn
So erhältst du bloß ein paar Kröten!
Nicht zu wissen was man tut –
So macht man Moneten!
Das glaubst du nicht!?
Schaue doch auf die Politiker*innen
Auf diese Pfeifen und Tröten!

Unvermögen ihres Könnens
Aber einen Posten im Amt
So kannst du wahrhaft, das Geld abgreifen!
Und den Bürgern im Land, noch schön in die
Tasche scheißen!

Polit(r)i-c-k, Poly-Fick
Polizei~~not~~verruf! Staatsmann, geilster Beruf!

Der Mond wacht

Die Sonne geht schlafen
Wenn die Sterne erwachen
Der Mond -
Er wacht über die Welt
Weit oben
Dort am Himmelszelt

Wenn die Englein –
Sich ruh'n
Ist vollbracht ihr,
fleißiges Tun

Feiertag und
Erntedank
Gottes Kinder, die wir sind
Dieses Leben lang

Härteste Zeit

Den Traumjob nie gefunden, als Ehemann gescheitert
Habe lediglich mein literarisches Sammelwerk erweitert

Mein miserables Leben, verfasst und gestapelt auf
Papier!
Bin ein hoffnungsloses Beispiel, Gottes Leben –
Es braucht Verlierer!

Nichts jemals erreicht, von dem was ich wollte
Nur zwei Ausbildungszeugnisse und Ausbilderschein –
BESTANDEN – „prima", „toll"
Weil ich arbeiten ja sollte!

Wenig Freude am Job
Meiner Berufung, bliebe die finanzielle Löhnung
verwehrt!
Falsche Wege, Loser im Gehege
Alles im Leben, machte ich scheinbar verkehrt!

Doch ich liebe mein Kind
Wenn es lacht, ist alles – was mir gefällt!
Mein Kind – das Beste
Was ich jemals vollbracht habe, in dieser Welt!

Und so trete ich ab und trete bei – Seite
Bin ein gottloses Beispiel, bitte – verzeihe!

Sonnenlos

Ein neuer Tag, der Zustand vertraut und alt
Das Herz es pocht und brennt
Mein Leben eisig, so ganz kalt!

Und so schreibe ich wieder mal
Weil ich keine Freude finde
Voller Traurigkeit, diese depressiven Dinge!

Meine Rosen blühen schwarz!
Meine bunten Farben, sie sind Graustufen
Die Hölle ist über mich gekommen
Doch dabei habe ich in den Himmel gerufen!

Alles verläuft im Negativ, es läuft alles so mega
schief!
Tränen sind schon vertrocknet
Der Atem, seit langem schon am Stocken!

Innerliche Wunden brennen
Komme nicht weg, selbst wenn ich renne
Ein Untergang – so sonnenlos
Mein Zerfall mit Sorgen groß

Trauer

Tränen stehen
In den Augen
Verlorene Hoffnung
Gebrochener Glauben

Alles erscheint
So leer und trist
Nix Gutes abzugewinnen
An dem, was ist!

All das Glück
Es scheint so fern
Und auch so weit
Bedeckt von
All der
Dunkelheit!

Universum

In der Weite des Weltraums
In der Ferne der Zeit
Da tanzen die Sterne
In all –
Der Unendlichkeit

Die Sterne
In all ihren Bahnen
Am Himmelszelt der Ewigkeit
Die Magie dieser Welt
Im Verbund von –
Licht und Dunkelheit

Karten legen
Astrologie
Bezaubernde Bilder
In aller Poesie

Magisch und so einzigartig
So mystisch ist –
Das Universum, so ergriffen, so erstaunlich,
es doch ist!

Aktuelle Lage

Was hast du, was bist du?!
Sie fragen sagend; Komm, was besitzt du!?

Aktuelle Lage: Job habe ich keinen
Glückssträhne zu gebrauchen –
Ja, und zwar am besten mehr als nur eine!

Mühselig mein Trott
Halbes Leben, es ist schrott!
Doch was soll's denke ich mir
Ich gehe durch diese Hölle, nicht umsonst hier!

Mein Tag wird kommen
Meine Zeit trägt hohen Wert
Denn alles Gute, es bracht lange
Weit ist der Weg ans Meer!

Tage wie heute

An Tagen wie heute
Da geht nichts zusammen
An Tagen wie heute –
Da steht die Welt gegen einen!
An Tagen wie heute
Da steht das ganze Feld in Flammen
Am heutigen Tage –
Sind sie alle gegen einen!

Katastrophen und Probleme
Sorgen und Nöte
Exitus und Armageddon
Flüchte in der Morgenröte

An Tagen wie heute
Da stehen die Zeichen gegen einen
An Tagen wie heute –
Da kämpfst du, mit keinem an deiner Seite!
An Tagen wie heute
Da geht echt gar nichts zusammen
Nach Tagen wie heute –
Zählt es nur, neu anzufangen!

Keine Schuld

Ich sitze hier und möchte nicht irgendeinem –
Irgendeine Schuld geben!
Nein, ich möchte lediglich
Über die Trauer tief in meiner Seele reden!
Das Kind in mir, von damals
Es leidet in mir wie ein Hund
Und verdammt, genau das ist der Grund –
Für meine Depression, es ist der wunde Punkt!

Alles was ich verbockt habe
Der Missstand vieler Tage
Es ist alles halb so schlimm –
Doch das Kind leidet, in mir drin
Belächelt, kritisiert
Zu schüchtern, introvertiert
Nur am Träumen und am Bilder malen
Keine Chance für eine weiterführende Schule
haben!

Wirst mit deinen Träumen
Später kein Geld verdienen
Ich hatte zu gehorchen –
Also ließ ich mich verprügeln und blieb am Boden
liegen!

ONE-LIFE CRISIS –
EINMAL KRISE UND
NICHT ZURÜCK

Christian Hofmann
Entgegen der Zeit

Arbeit finden.

Viel mehr einen Arbeitsplatz haben, den ich beherrsche, wo ich die Tätigkeiten gerne ausübe – Voller Leidenschaft, voller Überzeugung, gar aus Berufung!

Den passenden Arbeitsplatz finden, dies ist das Dilemma meines Lebens.

Liebe Leserinnen und liebe Leser, aus diesem Grund, habe ich dieses Buch „ONE-LIFE CRISIS" genannt.

Eine lebenslange Krise, sie unterscheidet sich zu einer „MIDLIFE CRISIS" im Wesentlichen – dass es seit der Kindheit begonnen hat und nicht mitten im Leben.

Diese ONE-LIFE CRISIS ist eine Krise, die ich als Kind schon sehr früh erlebt habe und diese seit dem Beginn bis heute anhält.

Ich bin kein Psychologe und auch kein Psychotherapeut, dennoch aus meiner therapeutischen Behandlungszeit und den immer wieder auffrischenden Updates, bedingt psychotherapeutischer Gespräche – geht es immer, in meinem Fall um das „nicht abgeholte Kind".

Das nicht abgeholte Kind, ist mein Signal an mich selbst, an den Erwachsenen – meine Traurigkeit, mein Kummer, meine Sorgen, wie werden alle hervorgerufen bedingt der Ängste des Kindes in mir. Das Kind, welches da „Hilfe" ruft und Hilfe sucht – und es hofft, diese Hilfe zu bekommen!

Nach meinem Sammelwerk, meiner literarischen Reihe, zudem dieses Buch nun auch zählt – ist der 30. Band meiner Entgegen der Zeit-Reihe.

Ich setze mich also mit dem -Kind- in mir auseinander, oder setze mich zu ihm, wie man es sieht.

Aus therapeutischer Behandlung, entnehme ich – wo ich auch zustimme, was ich unterstreichen kann, es ist absolut richtig, dass der Kopf die Gedanken, welche frei umherschwirren – nicht mit anderen Gedanken sortieren kann.

Das bedeutet; Der Kopf, ist nicht mit Kopfsache zu überlisten! Das ist richtig!
Ein anderer Vergleich aus einer anderen therapeutischen Gesprächsbasis –

Wie etwa; Dass, das Kind welches Angst hat, auf welches eingeredet wird mit der Sprache, mit Text – so wie ich mich selbst therapiere, nicht so hilft wie – Als wenn ich mich selbst, in mich -als Kind- reinversetze und ich das Kind anhöre, ihm Aufmerksamkeit schenke und ich versuche, dem Kind zu helfen.

Nicht etwa ständig auf es einrede und einrede und somit versuche einen Stand der Dinge, aufzuerlegen!

Ich möchte es in einem Beispiel erklären;
Ein Kind steht vor drei Pfützen –
Andere Kinder, sie springen voller Freude in diese Pfützen hinein.
Das Ziel ist, die Pfützen zu überqueren, um so auf die andere Seite zu gelangen.

Das Kind, in dem Falle – ICH –
Habe aber Angst und traue mich nicht, welche Möglichkeiten bieten sich also!?

1: Ich rede auf das Kind ein!
„Spring in die Pfütze, es passiert dir nichts"!
2: Ich mache es vor!

„Springe rein, aber das Kind sagt, du bist größer als ich..." – so macht es dies, also nicht nach!
3: Ich kann es natürlich auf meinen Arm nehmen und mit ihm über die Pützen gehen, doch aus dies schlägt es aus, weil es Angst hat.

Es besteht aber jedoch die Möglichkeit
-DAS MITTEL- zu finden, also ein HIFSMITTEL –
 welches ich durch das Schreiben nicht schaffe, also wo die Sprache und das Reden an der Grenze ist.

Das bedeutet:
Ich möchte meine getexteten Reime, die Reimformen, meine erlebten Zustände – die ONE-LIFE CRISIS, nicht schmälern oder mindern, was ich einst verfasst habe und verfasse.
Es waren Zustände;
Wie es mir geht –
Wie es mir ging...

Doch sie helfen nicht allein aus dem heraus, wo ich mich befinde. Schön und befreiend ist es aber allemal dies von der Seele schreiben zu können. Auch das diese Texte für Momente, Augenblicke helfen können – womöglich auch, so mein Ziel –

auch meinen Leserinnen und Lesern zumindest Verständnis und Trost liefern können...

Wie gesagt, ich möchte meine Texte nicht schmälern oder mindern, denn mein Schreiben ist auch eine Kunst.
Meinen Gefühlszuständen einen Ausdruck zu verleihen.

Ängste und Sorgen – darauf basieren meine Depressionen, mein negatives Empfinden.
Finanzielle Ängste, gescheiterte Ehe, mein geliebtes Kind, welches das Licht der Welt erblickt hat, welches ich auch unterstützen möchte.

Frage ich mich doch einmal selbst:
Was erwarte ich von mir?
Was möchte ich?
Was kann schlimmer kommen?
Wovor habe ich ANGST?

Ich habe Angst, dass ich mein Kind – vielleicht nicht versorgen kann, dass ich keine finanziellen Mittel habe um es zu unterstützen, Angst vor dem Versagen.

Es gibt viele Ängste, Zweifel und Sorgen.
Aber in einem Punkt bin ich mir sicher und dies
stärkt mich!

ICH MÖCHTE GELIEBTES KIND DORT ABHOLEN,
WO MEINS DAMALS STEHEN GELASSEN WORDEN
IST!

Ich leide unter meinen Depressionen!
Ich leide unter dem Scheitern meine Ehe!
Und dass ich nicht so kein, wie die Gesellschaft es
verlangt!
Genau da bin ich an einem Punkt, was mich als Kind
schon sehr stark geprägt hat!

Die Gesellschaft, Pädagogen, Mitschüler, Menschen
meines Umfeldes, die wie ich mich noch genau
erinnern kann – meine Träume und Ziele zerredet,
zerstört und zunichte gemacht haben!

KLEINGEMACHT
BELÄCHELT
ZERREDET

Sie belächelten im Kunstunterricht meine Bilder,
weil ich ständig Fußballbilder malte, ich wollte so

gern Fußballreporter werden, aber damit könne
man kein Geld verdienen, so wurde es einst gesagt.

Künstler sein und werden, damit könne man kein
Geld verdienen...
Nun, schreibe ich Bücher, Gedichte, Reime aus dem
Leben.
Ich schreibe so gern, aus der Leidenschaft,
entdeckte ich meine wahre Berufung!
Ich weiß heute, dass ich damit nicht unbedingt Geld
verdiene, aber es ist meine Berufung und dieser
folge ich!

Ich muss lernen, viel mehr das -Kind- muss lernen,
oder dem Kind verständigen, dass es gar nicht
darauf ankommt, was die Leute, das Umfeld, was
die Gesellschaft erwartet! Deren Erwartungen,
müssen nicht meine sein!

Das Kind, will es tun, weil es Freude bringt!
Dies muss ich akzeptieren, verstehen, annehmen
und an mich ranlassen!
Dem inneren -Kind- zuhören, es fühlen –
Den Schmerz, die Traurigkeit, die Ängste.
Einfach zulassen und annehmen!

Zu müde

Zu müde zum Reden
Zu müde um zu erklären
Zu müde um die Welt zu retten
Zu müde um alles zu verstehen

Müdigkeit bedingt durch
Erschöpfung und Traurigkeit
Ich tanze nicht mehr
Lebensfreude aus, für den Rest der Spielzeit

Das Lachen es fällt schwer!
Der Tag ist so vollgepackt und ich bin leer!
Alles was ich einmal wusste –
Von dem weiß ich nun nichts mehr!

Das Lachen es hat sich weit versteckt
Voller Tränen ist mein ganzes Gepäck!
Sag, was bleibt mir –
Denn noch in diesem Leben hier!?

Bunt und freudig

Warum
Wird uns die Welt
Als Kind bunt und freudig gestaltet –
Wenn wir als Erwachsene,
diese Welt nicht mehr betreten können
und dürfen!?

Kein Wunder –
Dass die Lebewesen depressiv
werden

Man muss funktionieren,
nicht leben
man muss arbeiten, was tun
für Faulheit wird man bestraft und
verhöhnt!

Auszüge

Seit dem Jahr 2006 schon, da therapiere
ich mich –
Mal ging ich vor, mal fiel ich auch zurück
Ich kam mir näher doch,
entfernte mich auch wieder –
So Stück für Stück

So oft drehte ich mich
Im Kreis um mich selbst
Depression, Angst, Überforderung
Es gibt keinen Halt, wenn du fällst!

Es geht ins tiefe schwarze Nichts
Jenseits, jeden hellen Lichts!
Allein gelassen im weiten Raum
Trauriges Kind, geflüchtet in den
eigenen Traum!

Ich ließ alles über mich ergehen
Bittere Wahrheit, muss sie mit ansehen!
Ich wollte Frieden und das Leben lieben
Dunkelheit und Leere, ist lediglich
geblieben!

Ausgelacht, ausgegrenzt, verspottet
Belächelt und verprügelt
Dies, war meine Kindheit
In groben und kurzen Auszügen!

Und diese Zeit
Sie lässt mich nicht los
Auch mit 35 Jahren
Ist die Erinnerung noch so groß!

„Abstellen"

Man kann nicht abstellen
Was war –
Oder geschweige denn vergessen

Egal wie alt man wird
Das innere -Kind- abholen gehen

Dies versuche ich jetzt!

Ich kann nie garantieren
Dass ich dies mein Leben lang unter
Kontrolle bekomme,
aber solange es Hilfsmittel gibt
oder Möglichkeiten für Auswege –

Solange besteht die Chance,
damit besser umgehen zu lernen!

BONUSMATERIAL

Madagaskar (Kindertext)
Kinderausflug (Kindertext)

Alles was zählt (Songtext)
Drehen und wenden (Liedermacher-Text)

Heimat in mir
Zu den Sternen hoch hinauf
Horizont erweitert
Ein frischer Frühling

Lektion-Nummern

Aus Gottes Händen (Sprachgesang)
Für Celina, in ewiger Liebe (Sprachgesang)
Mein geliebtes Kind (Sprachgesang)
Die Sprache (Werbetext)
Im Kreis der Qualität (Werbetext)
Schlimmer – immer!? (Liedermacher)
Gegen dieses „Fucking Down" (Rap-Part)

MADAGASKAR

Radda-radda – Fatzga
Ich wander aus nach – Madagaskar

Bumbus-Lumpus – Humbus
Jedes Kind ist ein – Columbus

Dibbel-ribbel – Ritzfitz
Ich liebe jeden – Wortwitz

Chubba-chubba – Chak'chak
Der Bäcker, der macht – Back-back

Ritzel-ratzel – Fatsch
Spring in die Pfütze – Und es platscht

KINDERAUSFLUG

Der Tag beginnt
Das Kindlein erwacht
Fröhlich ist es zu Tisch
Nach einer guten Nacht

Ist das lecker, ist das fein!?
Mündchen auf und damit rein
Heute macht das Kindlein, einen
Kinderausflug
Ab ins Grüne – mit dem Tuff-Tuff-Zug

Da fährt die
Tuff-Tuff-Eisenbahn
Von dem Main bis an die Lahn
Und das Kindlein, will mitfahr'n

Abends dann kommt's
Kindlein heim
Was ein Tag –
Der war so fein

Nun putzt es die Zähnchen
Mit dem Zahnputzset
Und dann geht's Kindlein
Ab ins Heiabett

Alles was zählt

Wo stehe ich jetzt?
Wo will ich hin?
Was brauche ich noch,
was ich nicht mitbring'!?

Der Weg er ist weit
Doch es ist an der Zeit
Ich muss ihn gehen
Nur ich kann's verstehen

Lange Zeit nur
Mein Leben geträumt
Und somit zu leben
Doch lange versäumt

Noch nie rief die Stimme
So laut und so sehr – tief in mir
„MACH DICH AUF DEN WEG –
UND TRÄUME NICHT NUR HIER"!

Nicht viel nehme ich mit
So kommt also nichts weg
Überschaubar und leicht
Bleibt mein Gepäck

Die Kohle, sie ist knapp
So wie es ist, wird es immer sein
Also was gibt's zu verlieren!?
Stift und Papier, habe ich immer dabei!

Bridge:
Träume gehabt
Sind zerfallen zu Staub
Nun Fundament
Ich baue mir neue auf

Refrain:
Mache aus all den Resten
Ein Kunstwerk
Denn alles was zählt ist –
GIB NIEMALS AUF!

3-Part:
Steine werden geschliffen
Der Sand wird verteilt
Ich forme die Träume mit meinen Gedanken
Und trage sie fort unendlich weit

Drehen und wenden

Eben erst losgelaufen
Und schon ins Ziel gekommen
Niederlagen verbucht
Hin und wieder auch mal gewonnen

Wie kann man das Leben
Vortrefflich denn beschreiben!?
Glück gehabt, Freude gefühlt
Am langanhaltenden Schmerz bin ich am Leiden

Die Sonne fehlt im Winter
Doch im Schnee –
Spielen so gerne doch die Kinder

Frühjahrsbeginn und Neuanfang
Wärme auf der Haut –
Hält bis in den Spätsommer dann an

Was man auch dreht und wendet
Die Zeit beginnt und ja, sie endet
Beim Start geht's los und beim >Dong<
Da wird dann stehen geblieben

Heimat in mir

Es ist kein Land zu sehen
Kein Ufer weit und breit
Ich treibe ruhelos umher
Tagelang und Nächteweit

Verbringe nun mein Leben
Auf dem offenen Meer
Eine Rückkehr an Land
Ungewiss und wahrlich schwer

Trage meine Heimat in mir
Finde sie sonst nirgends hier
Ich versuche zu lenken, zu orten
Nach Länge und Breite das Leben zu ordnen

Mein Kompass zeigt
In Richtung „Daumen hoch"
Was mich runterzieht
Dies lasse ich los!

Wenn nichts mehr geht
So lasse ich mich mal fallen
Doch vor dem Untergang –
Werde ich mich an die Wellen krallen!

Ich will etwas schaffen
Möchte es zu gern erreichen
Nicht bis zum Ende, pausenlos
rudern und die Segel streichen

Zu den Sternen hoch hinauf

Wenn du vor dem Abgrund
Unten am Boden liegst
Und an nichts mehr glaubst,
weil du denkst, dass nichts mehr geschieht

Wenn die letzte Hoffnung dann erlischt
Bricht am Horizont noch einmal ein Licht
Und die Karten scheinen –
Im Augenblick plötzlich neugemischt

Mit dem Rücken zur Wand –
Scheint aussichtlos die Lage
Dem Verlust schon eingestellt
Geht's ans Verlieren dieser Tage

Und dann bricht ein Neuanfang
Inmitten dieser Hoffnungslosigkeit
Ein kleiner Hoffnungsschimmer –
Erstrahlt wie ein Licht in Dunkelheit

Totgeglaubte – sie stehen wieder auf
Ein kleines Fünkchen
Und die Faust, streckt in die Höhe
Zu den Sternen hoch hinauf!

Horizont erweitert

Lauf der Dinge
Weltgeschehen
Vieles erlebt und auch
So vieles gesehen

Gewachsen an mancher Tat
Manches gelungen
Und auch gescheitert
Aber stets den Horizont dabei erweitert

Übe Geduld
Für die Reifezeit
Alles Gute kommt –
Doch es braucht eben seine Zeit

Ein frischer Frühling

Frisch der Frühling
Neu die Träume
Ich will atmen, will leben
Nichts mehr versäumen

Das Positive
Das Gute
Das Helle
Ein Schätzen des Moments

Denn Zeiten dieser
Sind für mich
In meinem Innern
Gar doch rar und begrenzt

Lektion-Nummern

Lektion Nr1:
Ruhe und Geduld
Denn in ihnen liegen
Stärke und alle wichtigen Werte

Lektion Nr2:
Zurück zur eigenen Gelassenheit
Durch auch noch so –
Raue Stürme deiner Zeit

Lektion Nr3:
Sei du selbst und fühle dich frei
Mach dir keinen Stress!
Lebe bewusst von jetzt an bis zum Rest!

Lektion Nr4:
Halte dich bereit
Atme den Wind, den Hauch
Er bringt dir deine Zeit

Lektion Nr5:
Es kommt der Tag
Greif zu und hau' rein, dein Tag
Er kommt – es wird so sein!

Lange genug „gepimmelt"
Und auch gelümmelt
Emotional geschrottet und selbstverstümmelt

Begreife die Lektionen
Sie sind ein MUSS
Jede dieser einzelnen
Stationen!

Nicht mehr meckern
Nicht mehr jammern
Glück voraus!
Und daran klammern!

Aus Gottes Händen
Sprachgesang
© Text Christian Hofmann, Entgegen der Zeit, 2021

Eines Tages
Kommt der Tag
An dem du dich fragst,
was ich mich frag'

Woher komm' ich und wer war ich!? –
Wer sind meine Ahnen, ich erahn's nicht…

Ja dieser Tag
Er wird kommen
Mit der Frage, wo hat es –
Alles mal begonnen!?

Woher stamm' ich und wie bin ich!? –
Wie waren die Ahnen all der Jahre…

Übergang / Bridge:
Wenn diese Fragen
In deinem Geiste schwirren
Und du dich fragst –
Dann lass dich nicht beirren
Refrain:
Auch wenn du deine Ahnen nicht kennst
Deren Leben war das Licht, wie das Deine was da
brennt
Und wenn wir leben und wir auch sterben
Wir lieben und leben und vergehen hier auf Erden
So sollst du wissen;

Unsere Wege, die beginnen werden wieder enden
Und eines ist gewiss, wir alle sind –
Ja wir allen sind aus –
Wir sind aus Gottes Händen

Eines Tages
Kommen die Fragen
An dem du fühlst,
was wir am Leben haben

Woher komm' ich und wer war ich!? –
Wer sind meine Ahnen, ich erahn's nicht...

Ja dieser Tag
er kommt, es ist gewiss
Mit der Frage, wo allen Lebens doch
Wahrhaft unser Ursprung ist

Woher stamm' ich und wie bin ich!? –
Wie waren die Ahnen all der Jahre...

Für Celina, in ewiger Liebe

Sprachgesang

© Text Christian Hofmann, Entgegen der Zeit,2021

Eines Tages kommt der Tag
In meiner Spanne der Zeit,
dachte ich so oft und lange drüber nach –
Wie ich es dir schreib' und sag'

Dies ist mein Text aller Texte
Denn hier schlägt mein Herz drin
Welches dich immer und stetig begleitet
Auch wenn ich nicht mehr bei dir bin

Hier schlägt mein Herz für dich

Refrain:
Und wenn der Tag kommt
An dem ich hier gehen muss
So gibt's keinen Grund zu weinen
Ich habe gelebt und liebe dich mein Kind
Dies hier ist der allerschönste
Und wertvollste, all meiner Reime!
Und wenn ich auch gehen muss
So glaube ich ganz fest daran, dass wir uns
wiedersehen
Ich werde mit dem Wind verwehen
Doch du hast noch dein Leben zu leben
Finde dein Glück, deine Liebe
Deine Hoffnung und die Zuversicht

Wir werden geboren und werden getragen in Liebe
Und wenn ich gehen muss –
Dann ist es meine Zeit und Gottes Gnade
Er schenkt mir meinen Frieden

Ich habe so sehr versucht, für dich
Doch ein guter Vater zu sein
Celina, in ewiger Liebe –
Bitte, bitte mögest du mir meine Fehler verzeih'n

Hier schlägt mein Herz für dich

Refrain: ...

Ich habe dir noch so viel zu sagen
Mögen meine Zeilen für dich – diese,
Dich durch dein Leben doch tragen
Ich liebe dich – für immer und so unendlich

Hier schlägt mein Herz für dich

Hier schlägt mein Herz für dich

Mein geliebtes Kind
Sprachgesang
© Text Christian Hofmann, Entgegen der Zeit,2021

Mein geliebtes Kind
So wie du das Brabbeln und Krabbeln lerntest
So lerne auch du, diese Welt hier kennen –
Wie du sie mit deinen Augen siehst,
lass sie dir nicht anders hier benennen und
verkennen

Gehe unvoreingenommen
Deine Wege, die du gehen magst
Wahre Respekt über den Wesen und all den
Kreaturen
Trage die Liebe und den Frieden
Auf allen Wegen, beim Verdruss - so findest du
Auch wieder hin, - zu deinen Spuren

Mein Sommerkind, mein Sommerkind
Folge der Sonne
Nimm ihre Wärme, die sie dir bringt
Geh mit all deiner Hoffnung und Liebe hinaus
Ziehe durch diese weite Welt
In den Sternen stehen wir über dir
Fühlst du dich mal allein, dann schau dort oben
hinauf

Du wirst deine Wege finden und gehen
Wenn du sie suchst, hör' ganz allein auf dein Herz
Ich vertraue in dich und ich vertraue dir
Ich werde dich lieben, solang' ich auf Erden bin

Und noch darüber hinaus
Lerne das Leben und die Menschen kennen
Und wovon du träumst, was du dir wünschst –
Behalte es für dich, spreche es nicht bei anderen aus

Auf deinem Weg werden Menschen kommen
Und es werden Menschen gehen
Aber wir bleiben für immer, vergiss nie –
Hinauf zu den Sternen zu sehen

Die Sprache
Text als Werbemittel
© Text Christian Hofmann, Entgegen der Zeit,2021

Ich liebe die Sprache
Ich liebe sie wirklich sehr
Gäbe es die Sprache nicht mehr
Vermisste ich sie, dies sogar –
Schmerzlich!
Ja doch, wirklich so sehr!

Die Sprache sie –
Erfüllt mir doch mein Leben
Ich fühle mich wohl und auch so –
Erfüllt, - mit ihr zu reden, mit ihr zu leben
Und mit Ausdruck
In jedem Austausch
Mit anderen zu kommunizieren
Zu denken, zu überlegen und letztlich
So schön zu philosophieren

Im Kreis der Qualität

Text als Werbemittel

© Text Christian Hofmann, Entgegen der Zeit,2021

KREISE
KREISE SIND RUND –
SIND ECKENLOS
DEFINIERT MIT R UN' D

ANDERE KREISE SIND
GROSS
UND WIEDER ANDERE
KLEIN

KREISE SIND GEFÜLLT
ODER HOHL
MANCHE GEHOBEN UND
ANDERE NUR FEIN

QUANTITÄT UND
QUALITÄT
FREUNDSCHAFT ODER
RIVALITÄT

BEIDE FAKT –
BEIDE REALITÄT
OFT IN KRITIK, IN IHRER EIGENEN –
AKTUALITÄT

JUST IN TIME
ZU FRÜH ODER ZU SPÄT
ES LEIDET BEI DER QUANTITÄT
MEIST DOCH DIE QUALITÄT

Schlimmer – immer!?

Text/Liedermacher
© Text Christian Hofmann, Entgegen der Zeit,2021

Es könnte regelrecht
Gar wahrlich besser sein
Vielleicht aber auch schlechter
Das weiß ich nicht, doch ich weiß –
Dass nichts für immer ist

Keine Erfolgsmeldungen,
diese - sie bleiben aus
Die Rollos unten, die Türe zu –
Und ich, ich bleib' Zuhaus'

Läuft hier etwas –
Denn ganz verkehrt!?
Oder ist der Inhalt,
bloß ganz ohne Wert!?
Wohin fließt das Wissen dieser Welt –
Wenn kein Stein mehr,
auf dem anderen sitzt und hält!?

Und wenn das letzte Licht
Vom Himmel dann noch fällt
Scheinwelt –
Und was scheint, zu sein –
Es alles doch gefällt!?

Schlimmer, geht's immer!?
Ich habe hier in diesem Zimmer
Nicht einen geringen Schimmer
Nur weiß ich doch, nichts ist für immer!

Gegen dieses „Fucking Down"

Rap-Art/Rap-Lyrik
© Text Christian Hofmann, Entgegen der Zeit,2021

Das hier ist der Weg – Vom Verzweifeln
Und der vom; Genie sein
Hier sind brennende Brücken
Eingestürzte Mauern aus Stein
Das ist Job-Rotation, hier drinnen –
In meinem Schädel
Wie ich bloß den Weg betrete
Die Chance nutze um endlich, das Gute einzufädeln

Das ist bei allem, was du tust und versuchst –
Dich nicht um den Verstand zu bringen
Um aus all dem Dreck und dem Scheiß
Endlich mal eine Lösung zu finden
Dies ist geschrieben, im Namen des Widerstandes
Gegen die Depressionen im Innern
Gegen dieses „Fucking Down", trotz –
All dem Scheiß sich um das Leben zu kümmern

Dies ist geschrieben um mich selbst –
Wieder auf die verdammten Füße zu bringen
Denn bei allen Stürmen die toben und all
Den Winden die wehen und die Schiffe die sinken
Das ist geschrieben für –
Um weiter ans Glück zu glauben
Was sie auch einem nehmen und
Um was sie einen auch verspotten und berauben

Auf die Sterne die vom Himmel schwinden
Im Sturzflug ins Meer krachen und darin versinken
Wenn nichts und niemand mehr an dir festhält
Dies hier ist die Bodenhaftung, die dich feststellt!
Geschrieben für – Wenn alle Dämme brechen
Für; Wenn echt nichts mehr geht und dir nichts
bleibt
Wie ins ungewisse Meer zu stechen
Was war, was kommt – nur der Schatten, er bei dir
bleibt

GNADE UND SEGEN

Und so betrete ich jetzt
Eine neue Epoche
Ich reg' mich auf über die Welt
Woche für Woche

Ich möchte' die böse,
die böse Zunge meiden
Mal sehen wie's dann so klingt
Mein ganzes Schreiben

Fachgerecht, sachgerecht
Kommunizieren
Ehrlich, hart, direkt, doch mit Ironie –
Auch hin und wieder mal provozieren!

Kraftausdrücke
Sie sind leider schon normal!
Beleidigungen
Festverankert in der Wortauswahl!

Dies, wird hier ganz gewiss
Kein Versprechen!
Denn was ein Mensch sagt –
Dem wird er widersprechen

Dies hier wird eher
Mein Versuch
Lieber Gott, nicht mehr fluchen –
Ich versuch's!

Lieber Gott du weißt genau
Schreibe ich aggressive Reime
Dann bin ich verletzt und meine Seele –
Sie ist am Bluten, schreit und ist am Leiden!

Nachrichten
Schlechte Menschen
Beleidigungen und Kommentare
Likes, Spott und Hohn

Wir machen aus uns,
was wir doch letztlich werden!

Kein Erfolg, kein Preis
Weder Lob noch Schweiß
Geben mir zurück was ich –
Opferte und verlor!

In Gottes Gebeten
Dort suche ich um Gnade
Denn benahm ich mich im Leben,
doch wie ein Tor!

Und Tränen sie fließen,
welche meine Augen vergießen
Sie gießen wie ein strömender Regen
Gott allein entscheidet, über Gnade und
Segen

Ja, aus meinen Augen da –
Fließen meine Tränen
So wie aus meinem Füller,

so seine Tinte

Schmerzen bleiben –
Nur in diesem Leben
Wenn ich eines Tages gehe,
verwehen sie im Winde

Ich fühle mich wohl
In all den BEATS
Ich lebe auf, in all diesen
PARTS!

Ich fühle mich verstanden
In all diesen CHORDS
Ich existiere in den Zügen –
Eines jeden WORT'S!

Schreibleidenschaft
Schreibtherapie
Reime und Gedichte
Es ist Seelenpoesie

Vergiftet und verdorben
Im Leben wohl gestorben
Längst doch zu Fall gebracht
Mit neuer Einsicht, wieder aufgewacht!

Und jetzt schreibe ich und reime ich
Bewusster und bedacht – Den Weg, den ich
gehe, er ist kein Zufall, ihn hat der liebe Herr
Gott
Für mich errichtet und gemacht

SCHWER GREIFBAR

Ich bin oft und sehr viel allein –
Auf meinen Weg ganz am;
„In meinen Gedanken sein"

Ich gewöhne mir auf jeden Fall
Wieder ein langsameres Sprechen an
Fürs Jetzt im Hier, denke nicht mehr nach –
Was vielleicht in 10 Jahren ist, ich lebe jetzt
Und nicht weitvoraus in der Zukunft man!

Heute lebe ich
Heute fühle ich
Morgen kommt
Zeit ist vergänglich

Ich gehe meinen Weg
Gehe ihn, voll und ganz!
Nicht nur halbe Strecke,
mal Filtermatt, mal Lichterglanz

Balance finden
Sie bewahren
Positive Momente sind höher gewichtet,
auf der Waage
Der Weg von der Wiege, bis hin zur Bahre!

Bei aller Traurigkeit und
Schwerer Entschlüsse
Würde aufhören zu schreiben
Doch ich kann's nicht,
wenn ich es nicht besser wüsste!

Mein Leben ohne das
-Schreiben-
Dann fehlten dort, schmerzhaft –
-Lebenszeilen-

Alles was ich sage
Und auch was ich schreibe
Es ist ehrlich und schon wahr!
Für manche ist mein Tun nicht zu fassen,
schwer bin ich ergreif- und begreifbar!

Doch ich muss
So viele Worte meines Lebens verfassen
Allein nur,
aus dem Grund, dass die Schmerzen
nachlassen!

Meine Texte sprechen, all die Schmerzen –
Die im Innern stechen;
In den Grund und in den Boden
Und so will ich mit den Zeilen,
zum Dank des Schreibens –
dem lieben Herr Gott doch geloben

Ich fühle mich doch manches Mal
So wie ein Vogel
Gedanken, die frei ziehen und fliehen –
Kamen angeflogen

Sie sind durch mein Inneres geflogen
Und umhergezogen
Und so fliege ich mit ihnen hinfort
Meine Flügel schlagen frei, bei jedem hier –

Verkündeten Wort

Guthaben *(Liedermacher-Klamauk)*

Verstehen sie mich nicht falsch, aber;

Als nächstes mache ich, folgendes
So wird das Folgende, mein Nächstes sein
So handle ich doch, der Reihenfolge nach
Was zuvor kommt, kommt nicht danach…

So wie doch manche Menschen
Ihre Haare tragen
So würde ich diese nicht um –
Eine Freundschaft fragen

Manche Obstkuchen und
Sahneschnittchen-Torten
Erinnern mich nahezu –
An Kompostsorten

Wie so ein Politiker doch –
Seinen Arbeitstag gestaltet
So würde ich nie reich,
würde ich auch 1000 Jahre altern

hätte ich doch so viel mehr,
an Guthaben als wie Saldo
So wäre mein Leben ein Luftsprung
Und ein Fünffach-Salto

Ich könnte wirklich, mehr
Gut, haben und besitzen

Doch in meiner Zeit, bin ich nur
All diese vielen Blätter am Bekritzeln

Training –
Bekommst du hier im wahren Leben
In allen Ehren –
Werden sie später, vielleicht von dir reden…

Ich würde dies hier –
Nicht unterschreiben
Bloß doppelt unterstreichen und
Die Zeichen all der Zeilen, nahezu
vergleichen

Ich bin wahrhaft ein ernster Mensch
Hin und wieder mit lustigen Momenten
Doch diese kannst du abzählen –
Mit 10 Fingern, also mit beiden Händen

DU BIST MIR EINE *(Für meine Tochter)*

Du krabbelst ja,
so schnell und flink
Durch das Zimmer in die Ecken
Um dich zu Verstecken

Ich baue die Türmchen
Aus deinen Förmchen
Und dann kommst du –
Du möchtest sie dann umwerfen

Du bist mir eine –
Meine, Kleine, kleine, meine
Baby-Maus
Du hältst mich auf Trapp,
du machst nicht schlapp
So stellst du auf den Kopf, das ganze Haus

Du bist und bleibst, mir –
Meine, eine, kleine,
kleine, meine,
Lumpus-Bumbus-Maus

Dein kleines Lächeln,
dein Brabbeln, der Versuch zu sprechen
Deine kleine süße Freundlichkeit
Bringt mir am Tag den Sonnenschein

Du erhellst mir jeden grauen
Noch so mauen Tag
Ich kann dir nicht beschreiben,
wie ich sehr, ich dich so gerne hab'

ICH GEHE ÜBER *(Wortspielerei)*

Autist, Statist, Atheist, Hindu
Moslem, Buddhist, Baptist, Christ –
Es ist wie es ist, denn du –
Du bist das, was du bist!

Auf Mission, erste Station
Zentrum der Veränderung
Transformation, voll in Fahrt
Nächster Halt, Endstation

Beben im Leben
Segen oder Regenwetter
Stehen, gehen, drehen –
Bleiben, Seelenretter!

Natur, Karikatur, nahezu –
Immer auf der Überholspur
Rein und pur, A-Moll, C-Dur
Egoistisch und stur!

Pullover mit Bändel
Duft von Lavendel
Efeu wächst an den Wänden
Anfang und Ende, was beginnt wird enden

Überfordert, überstrapaziert
Hals über Kopf, drüber tapeziert
Überlänge, sämtliche Übergänge
Schlage ständig über die Strenge

1000 GRÜNDE *(Offen über meine Krankheit)*

Entschuldigung gibt's keine
Dafür aber 1000 Gründe
Darum stehe ich heute hier –
Weil ich sonst woanders stünde!

Ich bin nicht gesund
Krank! Seit Beginn meines Lebens an!
Grund für mein Verhalten,
für das, ich bewusst vielleicht gar nichts
kann!
Ich merkte schon als Kind
Dass ich anders, als all die anderen bin
Andere machten, probierten, sind
Geflogen und gefallen, ich suchte immer
einen Sinn

Stark ausgeprägt das Gefühl von
Angst, Sorgen, Schmerz
So wollte ich immer nur Frieden, doch ich
fing Feuer, schwarz wurde mein Herz!

Psychotherapie, Diagnose Depression
Doch es ist weit mehr!
Denn was ich fühle und denke, sieht niemand
–
Entweder geh ich unter, oder alles in mir ist
leer!
Überforderung, Reizüberflutung
Stechen auf der Brust, Augenschliere, Augen
am Kneifen, Lichtempfindlichkeit, keine Filter
–
Meine Strukturen sind Linien, Fäden, Streifen

Und hätte ich das Schreiben nicht!
Wäre ich tiefer gesunken, sicherlich!
Abgrenzung fällt mir schwer, ich bekomm sie
immer nur gepredigt, aber mir fällt sie halt
schwer!

TRAU-DICH-ZEIT

Wieder ein Tag zu Ende
Schicht im Schacht
Nichts auf die Reihe bekommen
Nichts zustande gebracht!

Kennt ihr das Gefühl
Von dem ich hier rede!?
Ich habe Stufen übersprungen
Und bin gebrochen mit den Streben

Nichts wird jemals –
So leicht wie das Scheitern sein!?
Durchhalten und kämpfen
Gefühle werden hart wie Stein

Innerlich
Bin ich
So spüre ich
Die TRAURIGKEIT

Doch eine Stimme
Die höre ich
Die da spricht
„TRAU DICH, es ist an der Zeit"!

Denn in der Trau-rigkeit verbirgt sich auch –
Doch ein Trau-Dich, also die Trau-Dich-Zeit

3000 TEXTE

Ich habe schon 3000 Texte geschrieben
JA, UND!?
30 Bücher in meiner Reihe –
JA, MAN! UND PUNKT!

Frage mich nicht mehr
Wann ich aufhöre zu schreiben!
Denn dafür
Sehe ich, überhaupt keinen Grund!

Was fragst du mich –
Das denn überhaupt!?
Ach was solls! Ey Man!
Ich nimm es dir nicht krumm!

Da stolpern halt so viele Buchstaben
Auf meiner Seele herum
Die wollen aufs Papier –
Und dieses ins Buch wiederum!

Draußen fängt es zu regnen an
Und nass, wird der Hund!
Will nicht mehr jammern, bin kein
Jammerlappen!
Wertvoll ist mir die Zeit, zu jeder Stund'!

Ich brauche nur einen Anstoß –
Ein Impuls und es funkt
Ich bin zu nah dran, und genau das
Ist auch der Punkt!

KÜHLER FRÜHLINGSTAG

Ein regnerischer Morgen
An einem kühlen Frühlingstag
Der Himmel der sein Grau ausdrückt
Die Welt, die scheinbar zu versinken mag

Es ist der Regen
Einfach nur der Regen,
der auf die Erde fällt –
Er bewässert diese Welt

Und die Sonne scheint –
Noch im Schlaf zu liegen
Sie steht erst auf, wenn –
Graue Wolken weiterziehen

Und die Regentropfen
Sie tropfen –
In all des Regens Pfützen

Wie das Wasser doch, das Land bewässert
So wird der liebe Herr Gott –
Was er schuf, pflegen und wohlschützen

CNC-FRÄSER

Gewidmet meiner Zeit als CNC-Fräser –
Ich mochte diesen Weg abwählen
Weil Wörter für mich mehr als,
Vorschübe und Drehzahlen zählen

Doch möchte ich –
Diesen Beruf nicht,
kritisieren oder schlechtreden
Denn er ist doch, schon recht angesehen!

Technisch, fortschrittlich
So kann der Fräser seine Bahnen – kreisen
Der Bohrer Löcher bohren – zerspanen
Auf programmierte Art und Weise

Und es war auch schön anzusehen
Wenn die Fräswerkzeuge –
In ihren Drehfrequenzen
Ihre Schneiden im Werkstoff drehen

Späne machen, Formen bauen
Werkzeuge in den Einsatz bringen
Passgenau, plan und eben –
Aus der DIN, nicht in den Ausschuss
springen!
Parallel und simultan
Geometrisch und inkremental
Werkstück, wieder einst vollbracht
So ist des Fräsers Werk gemacht

Wendeschneidplatten
Für legierten, nitrierten und unlegierten Stahl

Hartmetall-Keramik, Alu-Material
Alles vorhanden in der Suchauswahl
LEBEN DAZWISCHEN

Die Zeit verrinnt
Dahin fließen die Jahre
Sie trägt und nimmt –
Hinfort alles was war

Alles was bleibt sind doch
Nichts als Erinnerungen
Bilder und Schleifen
Formen und Windungen

Die Zeit ist wie ein Strom
Permanent auf Zug
Die Zeit vergeht schnell
Nimmt uns mehr als nur genug

Zwischen Ausdauer haben
Und aus Trauertagen
Ist dazwischen –
„Bisschen Leben", was wir haben!

Wertvoll ist die Zeit
Doch schätzen wir sie?
Wie oft nehmen wir uns von ihr?
Und wie oft, vergeuden wir denn hier!?

Zeit ein Begriff
Ist die Zeit ein Gefühl?
Sie nimmt und holt, sie ist da –
Auf jedem Weg bis an unser Ziel

EIGENE WEGE

Ich baute mir meine Wege
Um diese zu betreten

Manche schon zurückgelegt
Kilometer – lief ich viel'
Doch was soll ich sagen –
Ich bin noch lange nicht am Ziel!

Das ganze Leben
Es ist eine Reise
Über Brücken vieler Flüsse
Mit weitem Blick übers Meer
Mal mit Booten, mal auf Schiffen
Mal im Stau, von der Dichte des Verkehrs!
Bau dir Brücken
Bau dir Brücken –
Bau dir Wege um, deiner Schritte Werte
Mal zurückzublicken!

In Kreisen und in Schleifen –
Sich mal zu drehen ist gar nicht schlimm!
Schaue nur nach der Lösung,
auf den Ausweg – genauer hin!

Ich brauche kein Problem
Denn ich suche eine Lösung
Ich brauche keinen Umweg
Ich suche meine Türen!

Erfolg ist kein Durchgang
Erfolg ist eine Treppe
Wenn die Kugel erstmal rollt

Bricht die Flut nach der Ebbe
Bleibe nicht stehen –
Weitergehen!

Im Leben arbeitet die Zeit
Du musst ändern und feilen
An den Zielen dranbleiben,
dass ein Stillstand nicht bleibt!

DER ZUG INS UNGEWISSE

DIE WEGE UNSERES LEBENS
AUF KEINEN FESTEN SCHIENEN
UNSERE GEDANKEN GEHEN IN PLÄNE –
UND DIE SCHRITTE WERDEN ENTSCHIEDEN

DIE ZUKUNFT NICHT GESCHRIEBEN WIRD
GESCHMIEDET VOM SCHICKSAL IN DEN
STERNEN
VERNUNFT SEHNT SICH NACH FRIEDEN
ZUVERSICHT TRAGEN WIR DURCH UNSER
ALLER LEBEN

ZUG INS

REISE UNSERES
LEBENS

UNGEWISSE

WORTREIZE

Ich möchte mit meinen
Wortreizen
Mit all den Ergüssen
Gar nicht geizen

Ich lade nach, wenn es mir –
Quer durch den Kopf schießt
Ich bin im Flow, weil es nahezu,
gerade so aus mir raus fließt

Perfekter Tag ist –
Sonne scheint, der Himmel blau
Ganz fein löst sich auf,
der Stau, vom Satzaufbau

Energiebalken
Er ist am Anschlag
Stetig – Power on!

Don't turn reset!
Bleib auf langer Dauer!
Please! Come on!

ES IST REICHTUM ZU WISSEN – DASS ICH KÖNNTE, WENN ICH WOLLTE

DIESES WISSEN BRINGT DIE FREIHEIT,

ES NICHT MACHEN

–

ZU MÜSSEN!

EINFACH SCHREIBEN

Ist der Kopf zu voll, zu dicht
Dann muss ich schreiben –
Einfach schreiben!
Druck herausnehmen, Schmerzen lindern
Mit den Worten dieser Zeilen

Den einen Tag geht's mir blendend
An dem anderen, dafür schlechter!
Abgrenzen fällt mir schwer,
Abgrenzung missfällt mir sehr!
Darum trifft es mich immer härter!

Ich bin diese Gesellschaft so satt!
Ich bin jemand, der ohne sein Schreiben
Nichts zu leben hat!
Sie wollen aus einem immer diese machen,
wie man zu sein hat!

Ruhige Momente, frische Gedanken
Finde ich draußen in der Natur

Rücksicht, Mitgefühl, auf der Straße des
Lebens
Ist eine nur, ganz schmale Spur!

Ich genieße, schätze diese Augenblicke der
Ruhe
Nur der Moment bleibt, in dem ich fühl was
ich tue
Leider bin ich so, leider brauche ich viel Zeit
für mich – zum Verarbeiten, zum
Registrieren all der Abläufe im Leben!
Verliere ich die Zeit, komme ich unter die
Räder!

Momente der Ruhe, für das Fühlen der Seele
–
Diese fehlen mir so sehr! Ich hasse
manchmal diese Gesellschaft, denn sie gibt
mir allen Grund dafür!
STADTBILD

Der höchste Punkt
Und ich blicke über die Stadt
Dieser Anblick –
Der so viel Ruhe in sich trägt und hat!

Ich sehe die Plätze
An denen ich mich doch gern aufhalte
Ob in den Cafès, Bars im Zentrum –
Auf den Straßen oder am Wald

Von hier hoben
Da ist alles, so übersichtlich
Alles ist geordnet –

So rein und klar!

Dieses schöne Stadtbild
Es wirkt wie ein Standbild
Fester Moment –
So trügerisch wahr!

KRANKHEITSMUSTER

Muster erkennen
Zeichen deuten und verstehen
Lernen, akzeptieren –
Um besser damit umzugehen!

Psychische Erkrankung
Oder eine Besonderheit
Was auch immer es ist –
Wie auch immer, man es beschreibt!

Meine Gedanken
Sie sind frei!
Ob nun vollkommen –
Gesund oder krank…

… Für manche
Sind diese Zeilen wertvoll
Von manchen hört ich schon
Ihren liebsten Dank!

Das Leben ist kein leichtes
Mit Hypersensibilität
Mit diesen einhämmernden Impulsen
Diese verdammt, harte Intensität

STEILER WEG

Von ganz unten, nach ganz oben
Steiler Weg als Ziel gesetzt
Wunden auf Haut, Narben auf Seele
1000-mal wundgewetzt!

Opfer gebracht, tief war doch –
So mancher Fall! Steil, ungebremst
Du fällst allein –
Wenn du dich nicht fängst!

Aufgeben wäre so leicht
Und sie sprechen dir dazu gut bei
Doch ich balle weiter die Fäuste
Entschluss steht schon lange –
AUFGEBEN TABU!!!

Sie wollen sehen, wie du scheiterst!
Wie du, unter Schmerzen zusammenbrichst!
Sie wollen dich hören, wie du –
„Ich kann nicht mehr" sprichst!

Aufgeben ist keine Option
Deutlich und scharf –
Wird die Botschaft meiner
So liebenden Kommunikation!

Weit sind die Wege, weit bleiben sie –
Darum sage ich, los! Und jetzt gehe!

Es ist immer leichter
Wenn niemand an einen glaubt!
Wie verwundert sie dann schauen –

Über all die Wege, die man baut!
-KEINE-

Scherben polternder Lärm
Neue Reise, such ein Zuhause
Zwischen Erde und Himmel
Mond und Stern

Ich habe mich abgefunden
Doch es lässt mich nicht abstumpfen
Schlechtes gibt's immer und zu jeder Zeit
Abgrenzung lernen, es verursacht nämlich
-KEINE-
Mein ganzes Leid!

Ich suche meinen Weg
Ich versuche mich an einer Schreibpause
Definitiv sind andere Impulse da
So viel ist sicher, so viel ist klar!
Möge Gott mich begleiten
Auf dem Weg
Der nun noch vor mir legt
Auf dem ich mich fortan beweg

Leute, was ich gar nicht mag
Ist Entertainment!
Das ist das, was ihr von mir –
Niemals lesen werdet!

Schlagerrichtung, dieser Stil
Ist schon sehr grenzwertig
Was ich absolut nicht kann ist –
Ballermann-Hits!

Solche Scheiße! Sie kommt nie auf meine Liste drauf!

CHRISTIAN

Christian, 35 Jahre
Krieg und Frieden,
seelischer Kämpfe –
Tobende Wut, Hass und Liebe

Freiwillige Einwilligung
Friedensvereinigung
Bei mir bleiben –
Ein Schreiben neuer Zeiten

Inneren Frieden finden
Spüren, lieben lernen und leben –
In einer, vieler möglichen
Ebenen

Auf dem Weg zu mir selbst,
lief ich durch die Straßen, Wälder –
Über Berge und auch,
durch so manche Täler!

Sah Flüsse mit
Einem starken Strom
Sah auch die ruhige See
Heimatlos, ohne wo zu wohnen!

Einflüsse im Innern
Einflüsse von außen
Welt in mir, Gedankenströme –
Getauscht mit dem da draußen

WELTANSCHAUUNG

So viele Leben
So viele Welte
Weltanschauung
Werte die nichts gelten

Die Medien
Sie sind uns am Strapazieren
Wir sind am –
Kollabieren, am Kollidieren

Alles was zählt;
Beleidigen
Liken
Kommentieren

Während sie uns manipulieren
Unsere Daten ausspionieren,
herrscht da draußen Krieg –
und sie verkaufen uns, Frieden!

Herstellung und Verlag:
BoD - Books on Demand, Norderstedt
ISBN 978-3-7534-1679-3